女性・戦争・人権 第15号

【特集】侵略戦争・植民地支配・ジェンダー
――敗戦70年を考える

15号発刊に際して

代表　秋林　こずえ

毎号、発刊の遅れのお詫びから始めているが、編集委員会の努力にもかかわらず今号も当初の予定よりも遅れた発行となってしまった。寄稿して頂いた皆様や会員の皆様に多大なご迷惑をおかけしてしまい、大変申し訳なく、お詫びしたい。

この数か月、いや、この数年は、それまでに増して日々、何か活動をしていなければならないような状況が続いている。日本国内でも平和運動で関わっている他の地域でも、だ。トランプ政権になってからの米国社会で女性たちが中心になったWomen's Marchなどの抗議行動が行われているように、他国への武力攻撃や威嚇、国内での人権侵害などが続いている。中でも軍事予算の拡大や軍備増強は、米国や欧州、アジア地域でも広がっている。

国連では加盟国政府の間で、米国のトランプ政権のあまりに予測不能な外交政策、特に北朝鮮に対する政策と北朝鮮政府の行動をめぐって、何が起こってもおかしくないと真剣に懸念する声が強いという。朝鮮半島がまた「軍事的脅威」の代名詞とされていることに深い怒りを覚える。

この五月にソウルで開催された女性平和会議に参加してきた。これは二〇一五年五月に行われたWomen Cross DMZ（WCD、「DMZを超える女たち」）とそれと連動した韓国での「女性平和ウォーク（Women Peace Walk, WPW）」の二つのイベントの二周年を記念した会議だ。昨年もパジュでのウォークとともに開催されているので、今年で三回目の韓国国内でのウォークと会議である。

ＷＣＤは、今号でインタビューも掲載している高里鈴代（基地・軍隊を許さない行動する女たちの会）と一緒に参加した、フェミニスト平和運動の活動である。米国を中心に世界各地のフェミニスト平和活動家、約三十人で朝鮮半島の平和とそのプロセスへの女性の参加を求めて、二〇一五年五月二十四日の「国際女性と軍備撤廃デー」に開城《ケソン》で三十八度線の非武装地帯＝ＤＭＺを北朝鮮から韓国へ渡ったものだ。北朝鮮側の板門閣《パンムンガク》から板門店《パンムンジョム》を渡る交渉も試みたのだが、それはかなわなかった。

ＷＣＤは在米や在欧のコリアン・ディアスポラが中心となって始められた。一九五三年に締結された休戦協定がそのままになっている朝鮮戦争の解決を求める国際世論を喚起し、朝鮮半島での平和を実現することが当初から掲げている目標だ。メンバーにはノーベル平和賞受賞者のマイレッド・マクガイア（北アイルランド、一九七六年）とレイマ・ボウイー（リベリア、二〇一一年）や、フェミニスト雑誌、*Ms*の創刊者、グロリア・スタイナムも含まれている。他にもコロンビア、グアムなどの地域からフェミニスト平和活動家が参加した。二〇一五年の「越境」のアクションの後は、米国でＮＰＯ資格を取得し、米国や国際社会で「忘れられた戦争」である朝鮮戦争を終結させるために、米国議会でのロビー活動や、国連への働きかけを行っている。

コリアン・ディアスポラのメンバーは、米国や欧州への移民二世や国際養子として韓国を離れた経験を持つ人々だ。分断されたままの朝鮮半島や離散家族の問題への思いも強い。そして、高里や私のようなコリアン・ディアスポラではないメンバーは、それぞれの立場から朝鮮半島の平和の実現の必要性を求めて参加している。例えば、一九三四年生まれのグロリア・スタイナムは、高校の同級生が当時、何人も朝鮮戦争に派兵されて亡くなったことを深く考え続けてきた、という。

朝鮮戦争当事者であった欧米諸国政府にとって朝鮮戦争はすでに遠い出来事で「忘れられた戦争」であるということは従前からの指摘であるが、完全に放置されているだけというわけではなく、朝鮮半島の軍事的緊張は常に軍事化や軍備増強の理由として利用されてきた。

最近の日本国内では、もちろん、沖縄がその影響を最も強く受けているだろう。沖縄の米軍基地をなくす運動に取り組んできている私にとっては、それがＷＣＤへの参加の直接の理由である。「北朝鮮の脅威」や朝鮮半島情勢を口実にして、新たな基地建設や米軍のさらなる駐留が正当化され、日米両政府によって強行される様子に直面するにつけ、朝鮮半島での平和の実現のための活動の広がりの必要性を感じるようになった。

特にこの数年の沖縄での米軍基地建設に沖縄県が法律に則って反対を表明しているにもかかわらず、ルールを曲げてまで建設計画を強行する日本政府の政策は法治国家のものとは思えないのだが、それが「北朝鮮の脅威」を持ち出すことによって一般的にも容認されてしまう。基地建設予定地での非暴力抵抗運動に対しての海上保安庁や機動隊の激しい暴力までもが、「北朝鮮の脅威」があるから仕方がない、と「本土」では捉えられているのではないか。

二〇〇七年から続けられていた米軍北部訓練場（ジャングル戦闘訓練センター）がある高江での座り込みが、二〇一二年のオスプレイ配備強行とオスプレイパッド建設強行のために、二〇一五年頃から強制的に機動隊によって「排除」され始めた。大幅に増員された機動隊が「本土」からも送られ、二〇一六年一二月には、オスプレイパッドが急ごしらえで完成させられた。市民の権利である平和的な抗議行動に対する機動隊の暴力でけが人も続出し、また大阪から派遣された機動隊員が座り込みをしていた作家の目取真俊に向けた「この土人が」という発言とその後の日本政府の対応に表れた、沖縄の人々に対する差別を公権力が許容したことさえも不問に付されてしまってきた。

沖縄でのもう一つの抵抗の「現場」となっている辺野古の米海兵隊キャンプ・シュワブゲート前での座り込みは、二〇一四年七月に始まり、もう四年目に入ろうとしている。本号ではレベッカ・ジェニスンが紹介している沖縄の映像作家、山城知佳子の『土の人』が表象している非暴力抵抗運動だ。この座り込み運動のリーダーの山城博治沖縄平和センター議長が逮捕され、家族との面会も許されず、裁判も開かれないまま長期に拘留された。逮捕の一年以上も前の行為が罪に問われたことの妥当性からして疑問があり、弾圧が疑われるほどのケースだ。

辺野古での抵抗運動はこのゲート前の座り込みの三年間だけでなく、高里が指摘するように、一九九六年頃からすでに二十年に亘って続けられている。現在も建設作業を止めるためにカヌー隊が海上で非暴力行動を展開し、五キロ余りに張り巡らされたブイを超えようと、重装備の海上保安庁のボートに日々、立ち向かっている。このような海上での抗議行動も出発点は二〇〇四年まで遡る。基地建設に向けた海底ボーリング調査への抵抗が、カヌーや船での行動ややぐらでの座り込みなど約二年間続けられ、日本政府は結局、ボーリング調査のためのやぐらを撤去することとなった。しかし、これらの抵抗運動は建設工事を止める時間を稼ぎながら、政策の変更を追求するもので、沖縄の人たちだけで完遂できない。日本の市民の運動が必要なのだ。しかし、「本土」の政治状況はなかなか良くならず、やはり「本土」では、沖縄には犠牲になってもらってもいいという考えが支配的なのだと思わずにはいられない。

この五月の女性平和会議への参加で訪問した韓国では、十年ぶりの進歩派政権である文在寅政権が誕生したばかりで、ＷＰＷ関係者たちの多くはこの変化を歓迎していた。南北対話の余地など全くなかった前政権下で苦労していた、フェミニスト平和活動家たちの活動が、文政権では活発になるだろう。しかし一方で米軍は、北朝鮮、中国、ロシアをにらんだ米国ミサイル防衛の一環であるTHAADミサイル配備を韓国中部の星州《ソンジュ》で強行した。これに抵抗する韓国市民の運動も広く展開されている。

朝鮮半島の情勢に関して、米国でも北朝鮮と対話を模索するべきだという声も強くなってきているが、抵抗はまだまだ強い。朝鮮戦争を終結させる努力もしないのに、日本では、「北朝鮮」の脅威を煽り、軍事強化だけでなく、自衛隊を米軍の指揮下に置くような安保法制や共謀罪などの戦時体制が進められていく。

ＷＣＤに関わり始めて今さらながら強く感じるのは、朝鮮半島の平和を望んでいない人々が現実にはいるのだという腹立たしさだ。朝鮮半島で韓国と北朝鮮が戦争状態にあることによって利益を得られる人々があるがゆえに、朝鮮半島の平和や人権の問題が真に解決するべき政治課題とされない状況が継続しているだろう。そして、このような状況で、女性の尊厳や性暴力の問題がまた、政治の材料、「安全保障」政策の取引の道具にされる。

例えば、脱北女性たちだ。性暴力被害を受けながら北朝鮮から脱出してきた女性たち、と表象される脱北女性たち。

北朝鮮を訪問したＷＣＤに対しては、「親北」という批判が、米国や韓国、また国連でイベントを開催しようとするときも向けられ、朝鮮半島の平和の達成のために何をするべきかという議論がなかなか広められない。

二〇一五年の越境で北朝鮮から韓国に入った際には、開城の国境線施設を韓国側に出た途端に多くのメディアに取り囲まれ、「北朝鮮での人権侵害については批判しないのか」というような質問ばかりが飛んできた。当時は「右翼」の暴力的な脅しも実際の問題だった。同日に予定されていたＤＭＺ近くのパジュの公園での公開イベントは、「右翼」の抗議で安全が保障できないとのことで場所を変更させられたし、ホテルでは不要の外出は避けるように指示された。ソウルで紛争、平和、女性をテーマにして開催されたシンポジウムも、抗議活動への懸念からセキュリティが厳しい会場に移された。

そのような「右翼」の暴力的な攻撃にも当時は神経を使ったが、それだけでなく、「親北のフェミニスト」というネガティブなレッテルを貼られたWCDと脱北女性を対峙させる構図が作られ続けている。二〇一五年のシンポジウム会場では、脱北してきたという女性が突然、立ち上がり、北朝鮮政府の人権侵害に対する非難と思われる発言を始めた。通訳されたわけではないので正確な内容は私たちにはわからなかったのだが、制止しようとした主催者を振り切って、彼女は構わず声を上げ続けた。その女性に直接語りかけたのはレイマ・ボウイーだった。パネリストとして壇上にいたボウイーは、ステージから降りると女性に歩み寄り、「国際社会はあなたたちを助けることができなかった。本当に申し訳なく思う」と言って女性を抱きしめた。リベリア内戦下での性暴力を、宗教を超えて女性たちを組織することで止めたのがボウイーだ。場を収めるためだけでなく、本心から出た言葉だと感じた。そして、ボウイーが言ったように、北朝鮮の女性たちの人権と尊厳の問題もWCDにとっては、アクセスが難しいながらも活動の一部なのである。

二〇一六年三月の国連女性の地位委員会年次総会の際にも、脱北女性が注目された機会があった。女性の地位委員会総会開催期間には、政府間会議と並行して、NGOがサイド・イベントをどこかの加盟国政府と共催することができる。数か月前に締め切られるサイド・イベント申し込み当時はまだ韓国と北朝鮮との交流が制限されていなかったので、WCDは韓国、北朝鮮、WCDの三者による女性平和サミットを企画し、近年、国連で注目されている女性・平和・安全保障アジェンダに積極的に取り組んでいる加盟国政府代表部に共催を打診した。計画している最中に北朝鮮の「衛星発射」などがあり、韓国は北朝鮮との市民交流も完全に禁止し、また政府代表部の共催の協力は結局、得られず、WCDはNGOのみで開催するパラレル・イベントを韓国のNGOとWCDメンバーだけで開催した。しかし、総会期間に入ってから、それまでサイド・イベントのリストに上がっていなかった「北東アジアの女性と安全保障」というテーマのサイド・イベントのチラシが出回った。見てみると、脱北女性が北朝鮮での女性に対する暴力についてスピーチするもので、米国、英国、日本ほか、数か国の政府代表部の共催となっている。

では、これらの政府は北朝鮮の女性の人権侵害の問題に本当に取り組んでいるだろうか。安全保障理事会の北朝鮮に対する決議のための議論で、北朝鮮の女性の人権の問題が扱われているだろうか。

日本軍「慰安婦」制度の被害者もまた、安全保障政策に翻弄され続けている。北東アジアの「安全保障」のために日韓関係は改善されなければならず、そこでの最大の障害とみなされている「慰安婦」問題をどうにかしなければならないというロジックのもとに発表された二〇一五年十二月の「日韓合意」は、また軍事性暴力の被害女性たちの尊厳を蔑ろにした。被害者女性たちに事前の相談もなく発表された「合意」に対して、その内容の検討もままならない中にもかかわらず、米国政府は「合意」を評価する声明をすぐさま発表した。国連も潘基文事務総長や「紛争下の性暴力国連事務総長特別代表事務所」も歓迎する声明を出した。

本学会でも二〇一五年十二月の日韓「合意」を批判する声明を出したが、被害女性たちに何も諮らずに決められた合意を、私たちは評価しない。また「合意」から一年以上経った現在、日本国内と韓国での「合意」への評価があまりに異なっており、この「合意」が解決になるとは、到底、考えられない。

女性の尊厳が軍事的「安全保障」よりも優先され、真に尊重される社会を作るには、どうすればいいのか。女性が安心して生活できる社会はどうすれば達成できるのか。

なかなか状況を良くできないこの時代に、絶望せずに、何ができるのかを考えるための地道な研究活動と「現場」での活動が呼応できる場を本学会が継続していけるように努めていきたい。

●シンポジウム報告

吉見裁判と日本軍「慰安婦」問題

――歴史修正主義との関連で

吉見 義明

司会 吉見義明先生は中央大学商学部教授で、ご専攻は日本史、日本の戦争責任資料センター共同代表もされています。「慰安婦」問題に関しての資料・研究の第一人者でいらっしゃいます。戦争責任、ファシズム、デモクラシーなどについても研究されています。吉見裁判の第九回口頭弁論は二〇一五年一〇月五日に予定されています。吉見先生は次世代の党の桜内文城元衆議院議員に対して損害賠償請求をされています。その資料もございます。それでは吉見先生からご報告をいただきます。

はじめに

吉見 みなさん、こんにちは。今日はシンポジウムの一番手としてお話をさせていただきます。私は、現在吉見裁判（名誉毀損による賠償請求裁判）を闘っていますので、裁判の中でどういう議論がなされているかというお話もさせていただければと思います。中心的なテーマは、いま日本で歴史修正主義がどういう形で現れているかということです。

はじめに、このテーマにかかわる三人の意見を見てみましょう。安倍晋三首相は二〇一四年一〇月三日の衆議院予算委員会でつぎのように述べています。「慰安婦問題については、この誤報〔朝日新聞の吉田清治証言の報道〕によって多くの人々が傷つき、悲しみ、苦しみ、そして怒りを覚えたのは事実でありますし……日本のイメージは大きく傷ついたわけであります。日本が国ぐるみで性奴隷にした〔という〕、いわれなき中傷が今世界で行われているのも事実であります」。安倍さんは「慰安婦」問題で女性たちが性奴隷状態にされたというのは、いわれない中傷であると主張しています。

つぎに、吉見裁判では、元日本維新の会所属で、その後、次世代の党に移り、この前の選挙で落選した桜内文城元衆議院議員が現職時代に言った言葉を見てみましょう。二〇一三年五月一七日、日本外国特派員協会で橋下徹大阪市長（当時）が記者会見をした時、桜内議員は補佐として出席し、橋下さんの話が終わった後、「〔司会者が〕ヒストリーブックスということで吉見さんという方の本を引用されておりましたけれども、これは既にねつ造であるということが、いろんな証拠によって明らかとされております」と述べました。研究者としては自分の研究が「ねつ造」だと言われれば、研究者生命にかかわりますので、これは重大な名誉棄損であるということで私は東京地裁に提訴しました。

この発言について桜内さんは「これ」というのは「吉見さんという方の本」を指すではなく、それよりも前にあるセックス・スレイバリーがねつ造だと言ったのだと裁判で言い逃れようとしています。しかしこれは簡単な国語の問題であって、「これ」というのは「吉見さんという方の本」以外にない。セックス・スレイバリーというのは一つの概念であり、概念をねつ造するというのは文章としてなりたたない。そう指摘すると、「これ」というのは「慰安婦」＝性奴隷ということをさすのであり、これがねつ造だと言ったのだと主張しました。しかし「『慰安婦』は性奴隷である」という文章はその前にないので、ないものを指すのは無理だということになります。

被告側が出した第三準備書面（二〇一四年六月七日）では「原告の著書の中で慰安婦は性奴隷であると断定している部分は捏造である」、「原告が独自に主張する『性奴隷制』の四つの要件にさえ該当しないことを〔原告が〕知りつつ……虚構の事実を捏造し、事実と見せかけて原告の政治的主張を世界中にまき散らした」と述べています（六、一一頁）。ここでは、はっきり吉見は著書の中で捏造した、と言っています。

第三に、吉見裁判では、被告側の証人として元日本大学教授の秦郁彦さんが出てきて、つぎのように陳述しました。

〔被告側弁護士〕先ほど慰安婦は性奴隷ではなかったというふうにおっしゃっていただいたんですが、では慰安婦は性奴隷であったという説は捏造と言えますか。

〔秦証人〕私は、そういって差し支えないと思います。……性奴隷と呼ばれるほど過酷なものではなかったと思うし、それを彼女たちに対してこういう形容詞をつけるというのは非常な人格的侮辱だと思うんです。

（「証人〔秦郁彦〕調書」二〇一五年七月一三日、六―七頁）

以上の三つに共通するのは、「慰安婦」制度は性奴隷制度であるということは認められない、それは捏造である、あるいは中傷である、ということだと思います。また、私の周りでも「慰安婦」＝性奴隷というのは言い過ぎではないかと感じている人たちも少なからずいるようです。しかし、それは各自が抱いているあいまいな「奴隷制」イメージからそう判断するのであって、実際に国際法がいう奴隷制ないし性奴隷制はどういうものであって、「慰安婦」制度がそれに該当するかどうかについて、突っ込んだ検討は行われていない。その点をこれから検討してみたいと思います。

I　国際法がいう奴隷制とは？

吉見裁判を通じて、国際法でいう奴隷制・性奴隷制とは何かが益々はっきりしてきました。裁判では、神奈川大学の阿部浩己さん（国際法）に国際法上の性奴隷制について、また、立教大学の小野沢あかねさんに、日本の公娼制度が性奴隷制度であったことについて、意見書を書いていただきました。お二人の意見書にも依拠しながらお話をしてみたいと思います。

国際法がいう奴隷制とは何か。秦さんの考え方は、「一九二六年の奴隷条約では、『所有権』が奴隷制の基本要件とされている」というものです（「陳述書」二〇一五年四月一〇日、二頁）。彼は、「もし、慰安婦が国際法上、日本軍の『奴隷』であるならば、日本軍の財産として他の武器などと同様、慰安婦も登録されているはずですが、当然のことながら、そのような登録はないし、名簿もありません。慰安婦は、日本軍の所有権の対象ではなかったからです。つまり、国際条約に照らした場合、慰安婦を『奴隷』と呼ぶことはできないはずなのです」と述べています（『正論』二〇一四年六月号、八六頁）。しかし、これは国際法上完全に間違っているということが裁判の中で明らかになりました。

国際法上の奴隷制とは、一九二六年の奴隷制禁止条約第一条第一項に明記されています。「奴隷制とは、所有権に伴ういずれか若しくはすべての権限が行使される者の地位または状態をいう。」（"Slavery is the status or condition of a person over whom any or all of the powers attaching to the right of ownership is exercised."）という定義です。これ以外の定義はありません。この定義はその後の国際法の発展のなかでも引き継がれてきています。これに該当するかどうかがすべてとなるわけです。これについて、阿部浩己さんはこう言っておられます。

> 日本軍「慰安婦」制度が奴隷制に該当するかどうかは、当然ながら、奴隷制条約に具現化された奴隷制の要件に該当するかどうかによって判断されることになる。すなわち、「人に対して所有権に伴ういずれか又はすべての権限の行使」がなされたのかが検討されなくてはならない。これを別して言えば、「慰安婦」制度の下におかれた女性たちが、加害行為実行者によって物（客体）のように支配され、自由・自律性を重大に損なわれる状態にあったのかどうかが問われることになる。
>
> （阿部「意見書」二〇一四年一一月五日、一九頁）

このように、女性たちが所有権の対象にされるということではなく、その自由と自立性が重大な形で損なわれる状態にあったとすれば奴隷状態におかれたと言わざるをえないと述べられているのです。

阿部さんはさまざまな国際法上の規程、判決、ガイドラインを挙げてそのことを論証しています。たとえば、奴隷制に関する著名な国際法学者が集まって二〇一二年に作られた「奴隷制の法的要素に関するベラジオ－ハーバード・ガイドライン」は、どのような制度が奴隷制度と言えるかに関して概念が拡散しないようにするためにまとめられたものです。その「ガイドライン2」は、「奴隷制の場合において、『所有権に伴う権限』の行使とは、人に対する支配であって、その使用、管理、収益、移転または処分により、当人の個人としての自由を重大に剝奪するものと理解すべきである。通例、その行使は、暴力、欺罔及び／又は強要などの手段により支えられて達成される」と述べています。

重要な点は、「所有権に伴う権限の行使」とは「人に対する支配であって、その使用、管理、収益、移転または処分により、当人の個人としての自由を重大に剝奪する」ことであり、そのようにされた場合は奴隷制に該当すると言っていることです。使用・収益・移転・処分だけでなく、「管理」が入っていることは重要だと思います。

つぎに、国際刑事裁判所に関するローマ規程（一九九八年）の第七条一項（c）には、「奴隷状態におくこと（奴隷化、enslavement）」という条項がありますが、「奴隷状態におくこと（奴隷化）」とは、「所有権にともなういずれかまたはすべての権限を個人に対して行使することを言い、人身取引（人身売買）、とくに女性および児童の取引（売買）の過程でそうした権限を行使することを含む」と述べています。

さらにこのローマ規程に関して、国際刑事裁判所の「犯罪の構成要件」（二〇一〇年）の第八条第二項（b）「戦争犯罪に該当する性奴隷制の要件」は、「実行者が、一人またはそれ以上の人間の購入、販売、貸与、交換、またはこれに類する自由の剝奪によって、一人またはそれ以上の人間に対する所有権に伴う一部またはすべての権限を行使したこと」と書かれています。

結論的にいいますと、奴隷制の要件として問われるものは、「所有権」そのものではなく、「所有権にともなう権限」の行使であり、そのような権限が行使される人の「地位」または「状態」である、ということになります。現代では奴隷制を認めている国はありませんから、今はそのような権限が行使される人の「地位」に該当するケースはない。そうするとそのような状態におかれているかが問われることになります。いいかえれば、現代では法的奴隷制は存在せず、問題になるのは事実上の奴隷制（奴隷状態にされていること）だということになります。「使用、管理、収益、移転または処分により、当人の個人としての自由が重大に剝奪されていれば奴隷制に該当する」というのが国際法上の理解である、ということがはっきりしてきました。

Ⅱ　軍慰安所における「慰安婦」の状態について

①アメリカ軍資料読解の誤り

そこで軍慰安所における「慰安婦」の状態はどうであったかが争点になります。秦さんは、主にアメリカ戦時情報局心理作戦班が作った「日本人捕虜尋問報告」第四九号（一九四四年一〇月一日）にある、二〇人の朝鮮人「慰安婦」と日本人業者夫妻からのヒアリングを主要な根拠として述べています。「吉見氏は、（一）～（四）のような四つの自由が慰安婦になかったとして慰安婦を性奴隷と呼ぶが、私は、四つのうち三つの自由があったことに高収入を加え、彼女たちを性奴隷と呼べないと主張します」というものです（秦「陳述書」六頁）。秦さんは、私が言う「居住の自由」「外出の自由」「軍人の性の相手を拒否する自由」「廃業の自由（自由廃業の権利）」という四つの自由の剝奪という徴証のうち、三つは違う、自由があった、また高収入だった、だから性奴隷とは言えない、と裁判の中で主張しているのです。

しかし、これは上記資料の、秦さんにとって都合の悪い部分を読み飛ばしているのではないでしょうか。一つは「日本人捕虜尋問報告」第四九号の「徴集」の項をみると、女性たちには「慰安役務」の「性格は明示され」ず、「病院にいる負傷兵を見舞い、包帯を巻いてやり、そして一般的に言えば、将兵を喜ばせることにかかわる仕事である」と告げられて徴集された、と書かれている（吉見『従軍慰安婦資料集』大月書店、一九九二年、四四一頁）。また、「多額の金銭と、家族の負債を返済する好機、それに、楽な仕事と新天地――シンガポール――における新生活という将来性」という「偽りの説明」を信じて「海外勤務に応募し」たとも記されている（同上）。さらに「二、三百円の前渡し金を受け取った」と書かれている（同上）。これらの事実は、刑法第二二六条の国外移送目的誘拐罪と国外移送目的人身売買罪に該当する犯罪が行われた、ということ、女性たちは自由意思で応募したのではなく、犯罪の被害者だった、ということを明らかにしています。

さらに、この記録には「彼女たちが結んだ契約は、家族の借金返済に充てるために前渡しされた金額に応じて六ヵ月から一年にわたり、彼女たちを軍の規則と『慰安所の楼主』のための役務に束縛した」と書かれている（四四一―四四二頁）。これは、誘拐と人身売買を内容とする性奴隷制そのものであることを示しています。

つぎに、上記の人びとを尋問したもう一つの記録、東南アジア翻訳尋問センター「心理戦　尋問報告」第二号（一九四四年一一月三〇日）があり、そこには、「慰安婦」にされた女性たちのそれぞれの親に「性格、容貌、年齢に応じて三〇〇円から一〇〇〇円」が支払われ、こうして「彼女たちはこの捕虜〔アメリカ軍の捕虜となった慰安業者夫妻〕の独占財産になった」と記されているのです（同上、四五八頁）。これも、女性たちが性奴隷状態にされたということをよく示していま す。秦さんは、このような、重要な部分を読み飛ばしているのです。

②「居住の自由」の剝奪をめぐって

つぎに四つの自由の有無について見てみましょう。まず、「居住の自由」の剝奪をめぐって。秦さんは居住の自由について「戦地の慰安婦に居住の自由がないから奴隷だという議論はあまりに非常識です。戦地の日本軍は、司令官から兵に至るまで、看護婦をふくめ、全員に居住の自由はありませんでした。アパートに住み、バスで通勤するような環境ではありません。現在の日本にも居住の自由を制限されている人は多い」と述べ（「陳述書」六頁）、著書では「現在のサラリーマンも変わらない」といっています（秦『慰安婦と戦場の性』新潮社、一九九九年、三九五頁）。

これはかなり粗雑な議論ですが、反駁しておきましょう。まず、第一に、「慰安婦」は、軍が設置した慰安所の特定の一室で起居し、日々そこで過ごさなければならなかった。文字どおり「居住の自由」はなかったのです。これに対し、現代のサラリーマンは、勤務先に通勤可能な場所であればどこにでも住む自由がある。また、転勤命令を受ければ転居しなければならない場合があるとしても、やはり通勤可能な場所であればどこにでも住む自由がある。転勤命令があれば転居しなければならないということをもって「居住の自由」がないと言うことはできません。現代のサラリーマンには「居住の自由」があるが、「慰安婦」にはそれがなかったということは明らかです。

第二に、戦地に送られた将校や兵士、従軍看護婦にも「居住の自由」がなかったから、「慰安婦」になくても当然だと言うわけですが、これもおかしい。兵士は明治憲法の規定により兵役の義務を課せられていた。従軍看護婦は日本赤十字社令などにより「戦時衛生勤務」の義務があった。しかし、「慰安婦」には軍人・軍属の性の相手をしなければならないいかなる公益的法的義務もなかったのです。また、身体の拘束を目的とする契約は違法だったのです。

第三に、「慰安婦」は、略取または誘拐または人身売買されて、慰安所に拘束され、軍人・軍属の性の相手をさせられているのですが、日本軍兵士や従軍看護婦はそうではない。同等に論ずることができないことは明らかです。

③「外出の自由」の剝奪をめぐって

秦さんは、「慰安婦」に外出の自由はあったと述べています。許可制であっても外出の自由はあり、これは平時の日本の職場でも同じではないかと言うのです（「陳述書」七頁）。

「日本人捕虜尋問報告」四九号では「慰安婦」たちは「都会では買い物に出かけることが許された」と書かれています（前掲四四三頁）。これは都会にある軍慰安所では外出は許可制だったことを示しており、「都会以外では外出は許されなかった」ことを含意していると読めるかと思います。

つぎに、許可制であれば「外出の自由」はないということになります。たとえば、戦前の日本の公娼制度のもとで一九三三年までは女性たちは外出するには警察署の許可を得なければいけなかった。そのような状態を「籠の鳥」状態と言いっていたわけです。

しかし、内務省は、一九三三年五月二三日、省令第一五号により「娼妓取締規則」第七条第二項の「娼妓ハ法令ノ規定若ハ官庁ノ命令ニ依リ又ハ警察官署ニ出頭スルカ為外出スル場合ノ外警察官署ノ許可ヲ受クルニ非サレハ外出スルコトヲ得ス」という規定を削除しました。この改正の趣旨について、内務省警保局長は「今般娼妓の自由を確保せんが為其の外出は所轄警察署の許可を要せざる様娼妓取締規則改正相成候」と説明しています（「風俗取締に関する件依命通牒」一九三三年五月二三日、『福岡県警察史』昭和前篇、福岡県警察本部、一九八〇年、一八五頁）。

このように、一九三三年以前は娼妓には外出の自由はなかったと内務省警保局長自身が認めています。許可制であれば外出の自由はないのです。

第三に、日本軍が作成した一次資料である軍慰安所規定を見ると、「慰安婦」の外出を禁止したり、許可制としたりする規定はたくさんあります。外出は自由であると書かれているものは一つもないのです。

第四に、日本のサラリーマンは勤務時間以外は、許可制ではなく、自由に外出できますが、「慰安婦」はそうではない。職場と自宅が同一の部屋で、そこで起居し、そこからの外出は許可制だということは、サラリーマンの場合ありえません。

④「軍人の性の相手を拒否する自由」の剝奪をめぐって

秦さんは、「慰安婦」は「接客を断る権利を認められていた。とくに泥酔の場合」と記しています（「陳述書」六頁）。また、「酩酊者、アルコール携帯、その他悪影響のおそれのある場合は、慰安所への立ち入り禁止」「暴力を振う兵士もときにはいたと思われるが、経営者や憲兵が取り締まったはず。怪我をさせては本来の役割が果たせなくなるから。平時の日本でも、商店や喫茶店、居酒屋が接客の拒否する例はまれではないでしょうか」とも述べています（同上、七頁）。

これは、いちいち反論する必要もないかもしれない粗雑な議論ですが、反論しておきましょう。まず、第一に、「日本人捕虜尋問報告」第四九号には「慰安婦は接客を断る権利を認められていた。接客拒否は、客が泥酔している場合にしばしば起こることであった」と記されていますが（前掲四四五頁）、これは不正確な記録です。事実は、日本軍が泥酔した軍人や暴力を振るう軍人の出入りを禁止していたということであって、「慰安婦」にそのような権利があったとは言えないのです。実際、泥酔者の入室禁止や暴行を禁止する軍慰安所規定はたくさんあります。これは、秦さんも言っているように、「慰安婦」に怪我をさせたら慰安所の機能が果たせなくなるからです。

なお、「心理戦　尋問報告」第二号には「〔慰安所では〕過度の飲酒や喧嘩に走ることのないよう、憲兵が気を配っていた。このような監督にもかかわらず、過飲する者がいる場合には、通常、憲兵はその男を慰安所から連れ出した。時として喧嘩も起こったが、同様のやり方で鎮められた」と書かれています（前掲四六一―四六二頁）。しかし、これも憲兵や巡察する軍人がいる場合に限られます。

第二に、憲兵がいない時には、泥酔した軍人や暴力をふるう軍人でも相手をしなければならなかったことを秦さんは無視しています。たとえば、朝鮮人元「慰安婦」、文必璂《ムンピルギ》さんは「慰安婦生活の間には何度か死ぬ〔ような〕目にもあいました。自分の要求をそのまま受け入れないと言って、酒を飲んで来て刀を抜き暴れ出した軍人もいました。酒に酔って刀をタタミにつき立てて性行為をする軍人がたくさんいたので、タタミには刀の跡がたくさんありました。……思い通りにいかないと、刀を抜いて踊りかかろうとするのです」と述べています（韓国挺身隊問題対策協議会ほか編『証言――強制連行された朝鮮人軍慰安婦たち』明石書店、一九九三年、一二五頁）。泥酔した軍人や暴力をふるう軍人の性の相手となることを拒否する自由はなかったのです。

第三に、憲兵がいる場合でもいない場合でも、泥酔していない兵士や暴行を働かない兵士であれば、どんなに多人数でも、どんなに本人がいやであっても、拒否する権利は認められていなかったのです。この点を、在日の元「慰安婦」、宋神道さんは、「とにかくこっちはもう具合が悪くて休むからって言っても、あふれてたまらないんだ。生理であろうが、病気であろうが、兵隊を相手にすることになってるの。休むとびんた、打ち殺されるし。兵隊は明日討伐さ行ってくたばってくるか分からない体でもってくるわけだから。こっちはこっちの言い分で休みたいと言っても、とにかく男は男の欲で人の体も何も考えないの」と証言しています（西野瑠美子・金富子責任編集『証言 未来への記憶』南・北・在日コリア編、上巻、明石書店、二〇〇六年、五〇頁）。

また、フィリピンの元「慰安婦」、マリア・ロサ・ルナ・ヘンソンさんは、「昼の二時から夜の一〇時まで兵隊たちが行列をつくって私をレイプする日々が始まりました。他の六人の少女の部屋にも、兵隊たちが行列をつくっていました。どうしようもありませんでした。日本兵の性的欲求に従うより仕方がなかったのです」（ヘンソン『ある日本軍「慰安婦」の回想』岩波書店、一九九五年、七〇頁）、「……夕方六時から三〇分だけ、夕食を食べるための休憩がありました。……三〇分がたつと、またレイプされ続けるのです。昼の二時から夜の一〇時まで、毎日一二人から二〇人の兵隊が来ました。ときどき兵隊の数が少なく、八時に終わりにできることもありました。兵隊がいる間は自分の身体を洗うことさえできません。性器や膣を浄められるのは、ようやく兵隊たちが全員帰ってしまった後です。そんな『仕事』が終わった後は、目をつぶり、泣くばかりでした」（同上、七四―七五頁）と回想しています。

さらに、ジャワ島からフロレス島に略取された女性J・Hさん（二三歳）は、「普通私は最少一日に五人は客をとらねばならなかった。彼等の望みに従はないと、蹴られたり、殴られたりした。特に藤堂〔業者〕はこの方の専門であった。我々は一人一人小さな部屋を与へられていた。外出することは厳禁されていた」と証言しています（国立公文書館所蔵資料）。

第四に、商店や喫茶店では接客拒否はほとんどしないと秦さんは言いますが、女性の身体は商品ではありません。拒否できなければ、それはレイプになります。

第五に、公娼制度の下でも女性たちには拒否する権利はなかったということを警察自身が認めている資料が傍証となります。一九二〇年代に国内の公娼制のもとで女性たちは自由意思で売春しているのではないということを内外から追及されたため、内務省警保局は公娼制度の改革をしようとします。一九二六年に開かれた道府県警察部長会議では「現行法規では娼妓は絶対服従を強ひられるが、人権尊重の立場から娼妓にも客の選択権を与へる大改正を断行すべきである」という提案がなされます（『朝日新聞』一九二六年五月四日）。このように、娼妓には客の選択権すらないことを警察自身が認めているのです。

この点に関して私の代理人の大森典子弁護士が秦さんに対して「体のぐあいが悪いから、きょうは嫌だと言って断ることができるというような規則はありますか」と聞いたところ、秦さんは「さあ、知りません」と答えるほかなかったのです（「証人〔秦郁彦〕調書」一二三頁）。

⑤ **「廃業の自由（自由廃業の権利）」の剥奪をめぐって**

秦さんは「軍は借金を返済し終わった『慰安婦』には、帰国を認める指示……一部が帰国」として、「廃業の自由」はあったとしています（「陳述書」七頁）。これは秦さんが廃業の自由とは何かをまったく理解していない明白な証拠だと思いますが、以下、秦説の誤りをみてみましょう。

第一に、「廃業の自由」とは、内務省令第四四号「娼妓取締規則」（一九〇〇年一〇月二日）が認めている「自由廃業」の権利に該当するものであり、その第五条には「娼妓名簿削除ノ申請ハ書面又ハ口頭ヲ以テスヘシ……警察官署ニ於テ娼妓名簿削除申請ヲ受理シタルトキハ直チニ名簿ヲ削除スルモノトス」とあります。このように、「廃業の自由」とは、秦説とは異なり、辞めようと思えば、いつでも辞めることができる権利のことです（もっとも、実際には娼妓は、借金があるという理由で、自由に辞めることはできなかったので、紙の上の権利にすぎなかった。したがって公娼制度は事実上の奴隷制度だということになります。小野沢意見書参照）。

したがって、第二に、「借金を返済し終わった特定の慰安婦には帰国を認める」というのは、借金を返済しない限り廃業を認めないということです。これは「廃業の自由」がないことを示しており、「慰安婦」制度が性奴隷制であること証明するものとなります。

第三に、これまでに発見されている多くの軍慰安所規定をみると、「廃業の自由」を認める規定はひとつもありません。このことは、軍が女性たちに「廃業の自由」を認めなかった証拠となります。

第四に、女性たちが廃業するためには、借金の全額返済、契約期間がある場合はその満了、業者の許可、軍の許可の四つが必要だったことが軍の資料から明らかになっています。これでは「廃業の自由」があったとはとうてい言えません。

第五に、「証人尋問」で、秦証人も借金を返済しない限り「廃業の自由」はなかったことを、つぎのように認めてしまいました。

〔原告側弁護士〕借金が返し終わっていない場合は、つまり帰れなかったんですよね。そうですね。
〔秦証人〕廃業できないということでしょう。
〔原告側弁護士〕だから、借金が返し終わらない限りは廃業の自由はないと、こういうことですよね。
〔秦証人〕うん。
（「証人〔秦郁彦〕調書」三〇頁）

「慰安婦」に「廃業の自由」がなかったことは明らかでしょう。

⑥「慰安婦」は「相当な高収入」であったか。

女性たちに収入があれば奴隷とは言えないかどうかについて見てみましょう。アメリカの黒人奴隷制でも、かなり高額の収入を得ていた黒人奴隷はたくさんいますので、収入があったから奴隷とは言えない、という議論は成り立たないことは明らかです。

では「慰安婦」は高収入だったのでしょうか。さまざまな文書・証言から、ほとんどお金をもらっていない女性たちがたくさんいた、もらった場合も慰安所の業者がピンハネしていくのでごく少額だった、と言えるでしょう。

第一に、秦さんが論拠にしている「日本人捕虜尋問報告」第四九号が言うように「慰安婦が普通の月で総額一五〇〇円程度の稼ぎを得ていた」が、「慰安婦は『楼主』に七五〇円を渡していた」と言えるでしょうか。実際には、「慰安婦」が直接お金を受け取り、その一部を業者に渡すということはありえません。軍が徴収して業者に渡すか、業者が徴収するのであり、「慰安婦」に借金が残っている場合は六割を、借金がなくなった場合は五割を差し引くのが普通です。さらに食費、衣料費、物品費、病気になった場合の治療費、天引き貯金などの名目で天引きしていくので、「慰安婦」にはほとんど渡りません。

第二に、「日本人捕虜尋問報告」第四九号自体が「多くの『楼主』は、食料、その他の物品の代金として慰安婦たちに多額の請求をしたため、彼女たちは生活困難に陥った」と述べているのです（前掲四四五頁）。より正確には、「心理戦 尋問報告」第二号が述べているように、「慰安婦一人の稼ぎの最高額は月に約一五〇〇円、最低額は月に約三〇〇円であ」り、業者は食費のほか「衣服、必需品、奢侈品を法外な値段で慰安婦に売ることによって余禄を得」たのです(前掲四六〇頁)。

第三に、宋神道さんの証言によれば、つぎのようになります。一九三八年末に武昌の「世界館」という軍慰安所に入れられ、はじめて軍人(軍医)の相手をさせられた時に、拒否しようとしたら、身に覚えのない借金が累積していると言われるのです。

そしたら帳場が、言うことを聞かないとか、そんなことをするから朝鮮帰れないとか、いろんなことを言って殴るんだ。髪をひっぱって殴ったり、蹴っとばしたり、鼻血が出るくらい殴る。お前は借金背負ってきたんだから、借金払って行けだとかさ。その借金というのは何やと聞くと、着物買ったとか、おまえをひっぱって来るとき、まんまだの、汽車だの、船だのに乗って来ただとか、そういうようなことをしゃべりまくって。着物は自分たちで勝手に買ってきて、これ着てやるんだとか言ったけど、その着物の着方も分らないし、いらないと言ったら、じゃあ、お前はワンピースでもいいじゃないかなと言って、ワンピースは一つもらったつもりでいたら、それが借金だと、こう言うわけだよ。……私ばかりじゃなくて、ほかの人間たちもそうやって責められて、いじめられていたわけだよ。

(前掲『証言 未来への記憶』南・北・在日コリア編、四八頁)

このように、高収入どころか、借金漬けにされて拘束されるケースは少なくないのです。

第四に、秦さんは、戦地・占領地での極端なインフレーションを無視しています。たとえば、日本銀行の統計によると、ラングーンでは、一九四一年一二月を基準とすると、物価は一九四三年六月には九倍に、九月には一一・五倍に、一二月には一七・二倍に、一九四四年六月には三六・四倍に、九月には五七・七倍に、一九四五年三月には一二七倍に、六月には三〇六倍なっています(日本銀行統計局『戦時中金融統計要覧』一九四七年、表四九・五六・五七、一四三―一四四頁、一五九―一六一頁)。同じ表によれば、東京やソウルの物価はあまり高騰していないので(東京一・一八倍、ソウル一・二六倍)、一九四四年六月のビルマでの最高の取り分七五〇円がすべて「慰安婦」に渡されていたと仮定しても、東京では二四・三円、ソウルでは二六・〇円程度の価値しかなかったのです。「慰安婦」の取り分平均が二二五円程度だとすると、これは東京では七・三円、ソウルでは七・八円程度の価値しかありません。

また、歴史学者の太田常蔵さんがのべているように、ビルマでは「一九年(一九四四年)後半以降の戦況の不利は、軍票の価値を減少させ、二〇年三月マンダレー失陥後は、軍票はほとんど無価値になってしまった」のです(太田『ビルマにおける日本軍政史の研究』吉川弘文館、一九六七年、四四〇頁）。

以上のように、一見「高収入」のようにみえる場合も、それは外見だけで、実際には業者から搾取されたため、また、極端なインフレーションのため、収入はあったとしても、ごく少額だったということになります。

第五に、略取・監禁型の軍慰安所では、料金はまったく支払われなかったことは言うまでもありません。逆に、たとえば「中国人『慰安婦』第二次裁判」の原告、侯巧蓮さんは、解放されるために、銀七〇〇元を支払わなければならなかったのです。

⑦まとめ

以上により、女性たちに少なくとも四つの自由がなかったことは明らかです。重大な自由が剝奪されている状態にほかならないので「女性たちは奴隷状態ないし性奴隷状態におかれていた」と言わざるをえないことは明らかだと思います。

Ⅲ　徴募形態について

どういう形でつれていかれたにせよ、慰安所において自由と自立性を重大に剝奪されていれば、奴隷状態にされていたということになります。このことを前提にして、どういう形で女性たちが慰安所に連れていかれたのかについて見てみましょう。

第一に、朝鮮半島で、軍・官憲が暴行・脅迫を用いて組織的連行をしたこと（軍・官憲による略取）は確認できていません。しかし、なかったという確証もないのです。また、そうでなければ性奴隷とは言えないという根拠もない。

第二に、軍・官憲が選定した業者が略取・誘拐・人身売買により女性たちを連行したことについては異論がありません。秦さんもこれは認めています。つぎのやり取りは、二〇一三年六月一三日、ＴＢＳラジオ「荻上チキ・Session-22」で秦さんと私が「慰安婦」問題で議論した時のものです。

吉見：労働ではないですよね。使役されたということです。一つは、使役される過程で様々な問題が起こっています。軍・官憲が直接やるかどうかは置いておいて、略取や誘拐や人身売買で連れていくのがほとんどだったわけです。そして朝鮮半島で誘拐や人身売買があったことは、秦さんも認めておられます。

秦：異論はないです。大部分はそうだったと思います。

（被告側提出証拠書類三〇号「秦郁彦×吉見義明　歴史学の第一人者と考える『慰安婦問題』―ＴＢＳラジオ『荻上チキ・Session-22』」二〇一三年六月一三日、一三頁）

この点では意見の違いはないことになります。これは重要なポイントではないかと思います。ではどこが違うのか。朝鮮半島から連れていかれた女性たちのほとんどは略取・誘拐や人身売買の被害者であり、これは刑法上の犯罪ですが、秦さんは、それは業者の責任であって軍には責任はないという立場です。しかし、国外移送のための略取・誘拐や人身売買は、懲役二年以上の重大犯罪だったということは重大です。刑法第二二六条には「帝国外ニ移送スル目的ヲ以テ人ヲ略取又ハ誘拐シタル者ハ二年以上ノ有期懲役ニ処ス。帝国外ニ移送スル目的ヲ以テ人ヲ売買シ又ハ被拐取者若クハ被買者ヲ帝国外ニ移送シタル者亦同ジ」とあります。

第三に、業者は略取ないし誘拐ないし人身売買という罪を犯しているが、軍や総督府に責任はないのでしょうか。末端で罪を犯している業者は軍または警察に選定された業者であり、集める過程で朝鮮の憲兵や官憲は黙って見ている。黙認していることは明らかです。より重大なのは、慰安所を管理する現地の軍の責任で、業者がつれてきた女性たちを軍の施設である慰安所に入れる際に、軍は女性たちの身上を必ず調査している。一目みれば誘拐なのか、人身売買なのかわかります。人身売買の場合は契約書もチェックする。誘拐なり人身売買とわかっていても、軍は女性たちを解放せずに慰安所に入れる。業者が逮捕されることもない。とすると、軍と業者は共同正犯となります。軍慰安所は軍が作り、業者は手足として使われているので、業者よりも軍の責任の方が重いことは明らかです。秦さんにはそのことがわからないということでしょう。

第四に、日本が加入していた婦人・児童の売買禁止に関する国際諸条約（一九一〇年・一九二一年）は、たとえば二一歳未満の女性を売春目的で勧誘・誘引・拐去した者は、女性が承諾していても、処罰しなければならない義務を加盟国に課していました。日本政府にはその責任があるということになります。

第五に、海外の戦地、占領地の女性たちの徴募の問題について論じようと思っていたのですが、時間の関係で省略します。

おわりに

以上から、「慰安婦」とされた女性たちは、略取または誘拐または人身売買されて一定期間軍の施設である慰安所に入れられて、「居住の自由」「外出の自由」「廃業の自由（自由廃業の権利）」「軍人の性の相手を拒否する自由」のない無権利状態の下で、軍人・軍属の性の相手をさせられたのであり、軍の性奴隷というほかない状態にされていたということは明らかではないかと思います。

吉見裁判の過程で改めて確認されたことですが、実は秦さんも自分の本で「慰安婦」制度は性奴隷制度だと認めていたことが明らかになりました。『慰安婦と戦場の性』の中にはつぎのような記述があります。

（a）「『慰安婦』または『従軍慰安婦』のシステムは、戦前期の日本に定着していた公娼制の戦地版と位置づけるのが適切かと思われる。」（『慰安婦と戦場の性』二七頁）

（b）「この時代の日本では、公娼の多くは親が前借金という名目で娘を売春業者に売る、いわゆる『身売り』の犠牲者であり、その背景は広義の貧困であった。」（同上、三三頁）

（c）「悪徳業者にかかると、女の稼ぎから割高の衣食住経費を差し引くので、前借金はなかなか減らず、強欲な親が『追借』を求めたりすると、雪ダルマ式にふえる例も珍しくなかった。……まさに『前借金の名の下に人身売買、奴隷制度、外出の自由、廃業の自由すらない二〇世紀最大の人道問題』（廓清会の内相あて陳情書）にちがいなかった。」（同上、三六頁、三八頁）

秦さんは、「慰安婦」制度は公娼制度の戦地版とし、公娼制度＝奴隷制度と述べているのです。従って、「慰安婦」制度＝奴隷制度ということになります。「証人尋問」でこのことを指摘されると、彼はつぎのように弁明しています。

〔原告側弁護士〕しかし、あなたは少なくともこの書物にはそのように書いておられて、公娼制度と慰安婦制度はほぼ同じであると、つまり慰安婦制度は今言ったような奴隷制度であるということをあなたも認めているんじゃないですか。

〔秦証人〕いや、そうじゃなくて、吉見さんと同じだと言っているんです。奴隷でもないのに奴隷という、そういうことで世論を動かそうとしたという同じ性格のものだと思います。（「証人〔秦郁彦〕調書」三三頁）

これでは、反論になっていないのではないでしょうか。もはや何を言っているかわからない陳述になっています。

最後に一言したいと思います。中野晃一さんは『右傾化する日本政治』（岩波新書、二〇一五年）において、「新右派転換」という事象を詳細に紹介し、事実に基づいて議論するという姿勢が「新右派転換」の過程で急速に失われていっているという深刻な問題を指摘しています。事実に基づいて議論しない、論争で負けても自説を変えないという事態が今続いていますが、歴史修正主義の一つの大きな問題点としてそういうことがあると感じている次第です。ありがとうございました。

司会　吉見先生、どうもありがとうございました。最後にまとめられたように事実の問題がないがしろにされているなと思います。また「慰安婦」に強制がなかったというのは全く問題にならないのですが、「収入があったのではないか、自由があったのではないか」ということが言われて、それに対してきちんと「慰安婦」問題に関して研究したり、運動してきたものたちが何をもって反論するか、事実を示していくか迷うところがある。どういう資料をみればいいかを考えたりするのですが、そういう点に関して細かいご示唆をいただきました。また大きな流れとして事実に基づかない言説が通る、声が大きければ、サポートする声があれば罷り通るという最近の風潮に、どうやって抵抗していくか、それがどこに由来しているかを考える必要があるという手がかりをいただいたと思います。

「『慰安所』・『慰安婦』」言説の「戦後」を読む

長 志珠絵

はじめに

一九九一年以降、被害者女性当事者の〈声〉を軸とした「『慰安婦』問題」の公論化は、戦争と性暴力をめぐる議論に重要な画期をもたらした。過去の戦争は、軍事性暴力という新たな「人権」意識によって問い直される段階を迎えた。同時に歴史学研究にとっての「慰安婦」問題は、「証言」と史料をめぐる哲学の位相をゆるがし、認識論的なレベルでの転回をもたらした点も今日ではあらためて強調されるべきだろう。四半世紀の蓄積はすでに、一定の歴史的事実の確定を世界の共有財産としており、学問的な水準で揺らぐ段階にはない。「慰安所」は機密扱いであった当時の公文書に登場する用語でもあり、設置および制度を管轄・運用する、主体としての日本軍という歴史的事実の確定はもはやゆるがない(1)。他方で二〇〇〇年代にはアジア太平洋戦争下のBC級裁判資料の読み直しや東京裁判での性暴力犯罪への事実認定に関する資料など、戦後直後の多言語による裁判記録への見直しや検討が続く。

しかし今日すでに「『慰安婦』問題」はタブー視されて久しく、果ては、元新聞記者をスケープゴートにするほどのメディア自身の弱体化、読者の側のメディアリテラシー欠如が日本の言論社会を覆う。こと歴史資料の扱いという点に限定しても、概念を狭く自在に設定し、それに応じた「公文書」の所在をつきとめる努力を要求する。歴史史料の文脈を恣意的に解釈する、あるいは都合の良い文言を強調する読み方は、歴史教育に携わる者として見過ごすことができるだろうか？(2) もちろん植民地後責任も含め、歴史研究としての研究課題という点に限っても慰安婦問題はいまだ多くの領域を残す。今後も、多言語に及ぶ記録も含め、いわゆる公文書史料の渉猟を通じた「過去」の再発見と検証が、継続されるべき重要な課題の一つであることはたしかだ。

一方で今日の「『慰安婦』問題」は改めて、軍隊リテラシーの低下した社会が負った、歴史認識論争としての側面を濃厚に持っている。「『慰安婦』問題」とは、大学教育において、たとえば文学部史学科であれば、史料講読をめぐるフェアな「読み」の訓練の素材だろう。ことに一般の大学生への教養教育、基礎教養科目として提供する「歴史学」を想定するならば、歴史認識としての「『慰安婦』問題」は、受講者から期待される(しかし教員側としてはできれば避けて通りたい)「歴史」をめぐる現在的なトピックの一つでもある。その際、『慰安婦』問題」の狭義の専門家ではない歴史研究者があらためて意識すべきは、歴史研究としての過去の事実認定・確定の水準とともに、慰安婦問題とはどのように「発見」されてきたのか、論じられ方、言及のされ方の推移を追及し、共有する作業の重要性である。市民運動の蓄積にとどまらず、歴史学研究の成果や学会の共有認識とメディア言説に代表される言説との隔絶したあり方はもはや「過去」がいかに論じられてきたか、近い過去の「論じられ方の変化」をも意識すべき段階にきている。この点で二〇一三年五月の橋下元大阪市長の発言や二〇一四年八月以降、「朝日捏造記事」問題(事件)をめぐっては、当該時期のメディア報道全般をいかに忘却した言説であるか、その検証が進む。藤永壯は二〇一四年一二月のシンポジウムで、バッシングを積極的に担った『読売新聞』や『産経新聞』が、一九九一年一二月以降、いかにいち早く、慰安婦ハルモニの「声」を内省的な表現によって日本語の読者に伝え、女性たちの境遇に共感を寄せていたか、他方で、一九九七年後半以降、いかにその言説を一変させたか、いち早く論じている。(3) 植村元朝日新聞記者本人の検証も含め、『産経新聞』もまた地方版ではあれ、一九九一年一二月以降、極めて熱心に事態を報道していたメディアの一つだった。(4) テレビ番組等についてはいまだ課題ながら、近い過去の検証が保守メディアを軸に、「一九九一」前後の日本および韓国メディア分析が重要な課題として言及されつつあるのが現状だろう。

以下では上記のような関心から大会報告で扱った、戦後占領期から一九六〇年代に焦点をあてる。日韓請求権協定の存在を前提に、「強制連行」を問い直す枠組みで登場した、朝鮮人慰安婦問題としての「一九七〇年代」以降をめぐる研究蓄積との架橋や言説との問題設定そのものの違いを明らかにしたい。

1 「慰安婦」「慰安所」用語とその位相

(1)「当事者」の時代としての一九五〇年代前史

一九九二年以降「発見」されてきた公文書は、戦前社会にあって機密扱いであった。しかし「慰安所」「慰安婦」用語とその存在は戦場の生活空間に閉ざされた秘密であったわけでも、同時代の一般的なメディアが銃後の社会に向けて沈黙していたわけでもない。

一九三二年一月の満州事変に前後しての新聞紙面には早くも「娘子軍」が登場し(5)、日中戦争期には「朝鮮ピー」など新語を交え、戦場での従軍看護婦以外の女性たちの存在を隠さない。日中戦争が長期化する一九四〇年一月、コラム風の体裁記事は「慰安婦」という用語を解説しているものがある。ここでは、「ある新聞の求人広告に、北支で慰安婦なるものを可成り良い条件で募集していた。応募した幾人かの娘さん達がその地へ着いて、慰安婦とはどんな仕事をするのかと思つていたら、何と売春だったそうな。成る程慰安婦に違ひない(6)」とし、「慰安婦」の仕事とは実は「売春婦」だった、という解説や、応募者に仕事内容が知らされていなかったことを紙面は伝えている。映画も含めた報道検閲の時代、「慰安婦」は「売春婦」という用語で代替されることで読者に伝えられていた。読者は応募した側の「娘さん達」により多くの関心を向けたのだろうか。それとも慰安婦とは売春婦である——との喝破に得心がいくのだろうか。出征兵士の家族として帝国本国で日本語新聞を読む読者の人びとは、遠い戦場の様子に安堵をいだいたかもしれない。なぜなら戦前日本は本土社会も含め、日常の生活空間に買春が広がる社会であって(7)、「売春婦」による兵士の「慰安」は見慣れた管理売春のシステムを想起させるからだ。確かに先のような、軍事占領した中国都市部での、軍による慰安所の設置を告げる記事では、戦場の兵士をいかに軍が慰労しているか、「慰安所」設置を歓迎する兵士の姿とともに強調する(8)。記事の関心は事情を知らされない「娘さん達」にではなく、兵士の様子にあり、これらを案じる読者に向けた戦地情報である。そして、とするならば、軍の管理が徹底した「売春婦」としての慰安婦像は、出征兵士につながる人びとと銃後の社会の読者にとって、植民地も含めた帝国日本の版図で展開する、見慣れた管理買春社会を逸脱しない、いわば安全な言説だっただろう。

もっとも銃後社会に向けての戦地情報とは構造的にプロパガンダであるうえ、戦争末期、兵士の「慰安」情報は部隊の配置に関わる機密情報をも伴うものだろう。また一九四五年九月以降、敗戦後の占領軍によるメディア検閲の時代において、旧軍による後方兵站附属施設の実態が記事として許される可能性も低い。ましてや今日の軍隊と性をめぐる研究で明らかになってきたように、軍事占領軍としての米兵はドイツ軍から「解放」したフランスのような連合国軍側に対しても、現地女性との「性」を戦果として期待し、米軍当局はそうした事態を黙認した(9)。実際、戦後日本の初期占領期、米国占領軍による検閲対象として収集された夥しい数の日本の雑誌・書籍の集積としてのプランゲ文庫の雑誌検索から指摘可能な傾向は、用語としての「慰安所」の有効性の一方、その多くは「特殊飲食店慰安所」(10)、「慰安所でタカリ」(11)、など、占領初期日本での、米兵を対象とした売買春施設への言及である点だ。

「慰安所」「慰安婦」用語によって、アジア太平洋戦争下での中国戦線やアジア太平洋地域での「戦場経験」の回顧も含めた語りが雑誌メディアから拾えるのは、一九四九年、占領記録の最終段階を迎える段階以降である。

（2）米軍占領・駐留社会にとっての「慰安婦」「慰安所」用語

今日の占領期文化研究は、商業出版の世界がいちはやく「性」をとりあげた点に注目する。ことに「独立」後、商業出版として成功した「パンパンもの」についてM・モラスキーは、これらが男性知識人の書き手による「パンパン表象」であるとともに、敗戦・占領によって損なわれた「日本人」男性性回復の物語と位置づけた[12]。ジェンダー射程の研究も、軍事占領イメージに性的比喩が用いられる意味をより構造的なものととらえている。女性ジェンダー化した身体として描くことで「敵」は「敗者」として意味づけられ、敗者の指導者層の家父長制的意識にダメージを与え、馴致可能となるからだ[13]。

プランゲ文庫やさらに一九五〇年代の、「慰安所」「慰安婦」を雑誌や本の小見出しに持つ語りも、後述するように、確かに性的身体としての「日本」を回復させようとする『日本人』男性性回復の物語」に連なる要素を見いだすことが可能である。ことにプランゲ文庫にも見いだせる、戦時下慰安所と占領下の「パンパン」を連続したものとして認識する議論には、「独立」後、なお米軍駐留の現実を指摘するなかで、米兵相手の売買春女性を象徴的に扱う、敗戦国の家父長制的目線が色濃く投影される。

……（海軍）慰安所の名は完全に変った。パンパン屋という、飛行機の搭乗員の南方土産の言葉でよばれ、女達はパン助と称される状態となった。海軍慰安所は敗戦とともに消え失せ、パンパン屋となり赤線地帯の言葉がとって代わり、慰安婦はパン助となった……[14]

また同時に、あざとい商業性も顕著で、プランゲ文庫に残された「慰安所」記事も、「情炎・怪奇・特集号」[15]や「タラカン島の慰安婦」[16]、プランゲ蔵ではなくとも占領末期になると、比留麻流「戦線に咲く花・慰安婦の生態」[17]など、将校批判を交えつつも、戦前の軍隊組織による格差のある軍隊生活を、男性目線から扇情的に語ろうとするポルノの要素が見え隠れする。

他方で占領下の物語は、過去の言論検閲時代には許されなかった、日本軍の情報解禁としての側面も商業出版としての成功を誘う要素だろう。軍事機密としての隠語も披露され、前線の日常描写としてのノンフィクション性を備えている。大宅壮一「機密費・酒・慰安所」では、慰安所に関わる軍機密をめぐる風聞として、前線部隊から兵站基地への頻出電報「コメミソショウユスグオクレ」が紹介される[18]。「独立」後の一九五〇年代にいたっても、「慰安所」設置は「軍」施設として、戦場の銃後の兵士の日常として物語仕立てのテキストに描写された。

……「そりゃそうと見習い士官殿、当部隊に慰安所ができるってニュースがありますが、本当でありますか。」「慰安所？　ピー屋か？」……「わりに大きい作りの支那家屋の一軒を選んで、そこに木の香も新しく「軍慰安所」の札がれいれいしくぶら下がり……[19]

ではモラスキーが喝破した、「パンパン」女性の手記という騙りの枠組みは、一九五〇年代前半での「慰安婦」「慰安所」の持つナラティブとしても適用可能だろうか。

(3)『戦場慰安婦』の語りの構造

一九五三年八月の出版日付を持つ『戦場慰安婦』は、当事者女性の手記というふれこみや、三ヶ月後、八月の新聞広告に一五版を重ねたとある点など、「性」描写が氾濫する同時代の覗き見趣味的な、軍隊と「性」をめぐる商業出版の「成功」例として適当なテキストだろう[20]。

「語り」の主人公は、中国からの引揚者の一人として帰国した直後の一日本人女性である。日本軍の戦場慰安婦としての独白記の前半は、従軍看護婦として志願した女学生五名が戦局の悪化に伴い南方の孤島に到着、やがて軍需物資としての「食糧」および「慰安婦」の支援が途絶えたことから、部隊にとっての有用な任務、部隊付きの「慰安婦」となる「運命」を余儀なくさせられる経緯がたどられる。驚愕、悲嘆、悔悟という感情表出のあいまに、おおいかぶさってくる男たちの身体の重量感や激痛といった生々しい描写がさし挟まれる。とはいえ、物語の構図は占領下の「パンパン」の意味づけとことなる要素も明らかだ。一つは、描かれる日本軍は格差が顕著な階級組織であって、けして一体化されない点だ。島内に封じられた部隊は「隊長さん」のさじ加減一つで物事が決まる。昨日まで乏しい食糧資源を無駄に消費する存在として邪険にされた女性たちは、「任務」分担が決まるや、軍のヒエラルキーに沿うことが告げられる。女性たちは突如、「軍隊は、総べて、階級順で事を行つているのだから、きみ達のことも、矢張り階級の上の者から行うのは当然という事なんだ……」とレイプの順番を告げられ、裏切られた怒りは個々の兵士ではなく、部隊の現地統率者に向けられる。

同時期の出版物からは、現地軍の部隊付き将校批判として、「将校慰安所」を紹介する例が散見され[21]、軍上層部への批判的なまなざしや厭戦、倦怠といった要素が物語を覆うことで、ヒーロー不在の戦争経験・戦場経験の語りとなる。敵の不在に加え、軍の指導者や現場指揮官としての将校が、「慰安所」をめぐっていかに「役得」や「うまみ」を持つ、羨望と嫉妬の対象であったか、日本軍の共同性がいかに成り立たないかを力説する臨場感に満ちたこうした言説は、一見、占領軍とパンパンとの関係への語りに象徴されるような「日本人」という主体を立ち上げる語りではない。しかし軍エリートへの嫌悪感をちりばめた軍部批判は、女性たちへの憐憫や同情という要素と表裏一体のものとして、「われわれ」兵卒の側に彼女たちを引き寄せ、「同胞」意識の語り手としてこれらを配する力学をも併せ持つ。特に島の部隊と女性たちが置かれた閉じた空間を舞台とした物語は、「敵」の存在に照準を合わせづらい一方、女性たちをレイプしつづける部隊の非人道性は告発されない。テキストの後半、殲滅を覚悟した島の守備隊は女性たちを密かに脱出させて中国本土に渡らせ、やがて女性たちは中国共産党傘下の部隊の捕虜になる。ここで初めて「敵」は姿を明確にする。語り手は、敵としての「中共」将校のレイプから身の潔白を守った自身を賞賛する。この物語の後半の経緯を通じることで可能な、軍隊慰安婦を正当化する論理は、「身を捧げた」彼女たちの、強いられたのではない、男性兵士の属性によって使い分けられた自発的な愛国心であった。作品の冒頭、編者は以下のように女性の語りを方向づけてみせる。

こんどの中共地区からの引揚者の中には、さまざまな運命を辿つた人達が随分とある――すなはち、味坂さん達外四名の女学生は、日本軍の士気昂揚のために、特に、南海の孤島に闘う兵士たちのために、進んでその聖なる処女を惜しげもなく捧げたのである。しかもそれは、他の多くの戦場慰安婦とは、まったく異なる、祖国愛に燃えたぎる、純情心の発顕であつた……

部隊付きの性奴隷にされた女性たちは、その出自としての「聖なる処女」であることで「他の多くの戦場慰安婦」とは隔てられる一方、その前歴によって国家への貢献度、犠牲者性が称揚される。また手記後半の「中共地区からの引揚者」としての労苦という冷戦下の語り、戦時下から冷戦期を架橋して「敵」の女になることを拒否した自主性が強調されることで、より普遍的な「祖国愛」の体現者として位置づけられる。「戦場慰安婦」という、いわば聞き慣れたカテゴリーに「無垢な乙女」としての若年日本人女性たちの慰安婦経験としての差異化をはかった物語は、「われわれ」という共同体を構築し、読者は「われわれ」として彼女たちの労苦に共感するふるまいを求められる。

戦場に動員された女性たちが軍属と「慰安婦」のあいだを行き来する事態をめぐり、これら機密情報を改めて語り、「同胞」として意味付けようとする言説は同時代の特徴でもあるだろう。「特務要員」の内実として以下の文章は、女性たちを「同胞」とし、その死に対して「戦死」用語を用いてみせる。

（海軍―南方向け―特務要員―戦時下の引揚）……艦隊は女の同胞として特務要員の送還を重視し、どこの部隊でも、その撤退には意を用いて、慎重を期していた。……彼女達

の中には遂に内地帰還の機を逸し、篤志看護婦に転身した例もあるが、敵の空襲により戦死したものもあつた[22]

ポスト占領期の戦場経験の語りは、内地の銃後の人びとが知らない外地での「戦場経験」情報を伴って、戦時下では得ることのできなかった戦争末期の日本軍将兵の過酷な経験を伝えるものだろう。しかし、彼女たちと一般兵卒を、封印されてきた「戦場経験」を媒介に「われわれ」として意味付けようとする語りは、同時代にあって一定の政治性を持つ。戦時下の「積極的平和主義」の欺瞞を経験則とした戦後社会にとって復員兵は、戦前社会での英雄ではなく、不可視化された存在であった。そうした社会の雰囲気は、日本の再軍備をおしすすめる占領軍の高級将校をして「戦争の間、日本軍人は国家の為に克く働いたのである。日本が敗戦したからと云ふて之をいじめるのは不可である」[23]との危機感をさえ露呈させた。兵士をヒロイックに扱う言説がなりを潜めた社会にあって、「元慰安婦」女性、何よりも女性たちの「処女性」を強調するヘテロセクシュアルな語りは、元日本兵の矜持と過去の居場所を回復するための、戦後における戦場の語りの歴史的なありかたの一つとして読むべきだろう。女性の側に貞操を求め、性暴力被害者を民族の恥ととらえる家父長制的社会の原則を堅持する語りは、敵の女か否か、その境界の重要性を強調する語りとして戦前戦後を架橋してみせるのである。

2 「慰安婦」言説の一九六〇年代

(1) 将兵の「語り」を読む

吉田裕はかつて、一九六〇年代にいたる高度経済成長のなかで、海軍賛美史観や旧陸軍作戦参謀将校等による「将兵の戦争の語り」が盛んになされ、回想記的な出版物が相次いだと述べ、カウンター言説として本土の戦争被害とその運動をあげた[24]。他方、一九九一年以降の加害者責任という視点は戦争犯罪研究を広げ、戦争責任資料センターによる国立国会図書館所蔵の部隊史戦争体験記の一斉調査も回数を重ね、二〇〇〇年代には報告書も出された。とくに調査を通じ、日中戦争からアジア太平洋戦争へ、広範囲に及ぶ戦場に動員された「慰安婦」は、軍隊経験者にとって、ごくあたりまえの戦場風景であり、階級如何に拘わらずその日常に属する事項であったことが、量的にも確認された。叙述の質について調査の中心であった吉見義明は、戦後に日本で刊行された師団から聯隊、中隊史など、様々なレベルの準公的な部隊史にとどまらず、個々の兵士の戦争体験記録・回想記に高い頻度で慰安婦への記述がなされ、調査対象本の二〜三割に及ぶとの見通しをのべている。また女性たちがおかれた境遇への共感もあるにせよ、多くの場合その執筆動機は「殺伐とした戦争の記述に華を添えたい」「青春の生命の発言の仄かな一ページを何とか記録しておきたい」点にあったと見[25]、被害者側の長きにわたる沈黙に比しての多弁さに注目し「語りだすことができないという制約・意識」の欠如、つまり加害者としての意識の欠如、戦争犯罪に関わる語りとしての特徴を指摘している。

　ここでは「将兵の戦争の語り」に埋め込まれた、将兵間での経験の差異、一九五〇年代での言説で確認できた、軍隊序列のなかでの差異を強調する記述と慰安婦・慰安所像をめぐる言説との関係に注目してみたい。

　上記のように、戦前日本軍の日常としての戦場のなかに埋め込まれた慰安婦叙述は、一九六〇年代以降、戦場経験を描く夥しいテキストに「つきもの」とされるものの、一九五〇年代に比した場合、その書き手の広がりは、個々の兵士の眼にうつった慰安婦女性を書き分け、朝鮮人女性や中国人女性の「慰安婦」の存在が風景として登場する変化を見せるように思われる。また女性たちをどのように部隊に届けたか等、制度運用の困難さをめぐる詳細な記述は、「隊長」クラスの下士官にとっていかにそれが、重要な任務であったか物語るものだろう。

　いくつかの例に即して紹介しておくと、戦前からの文芸雑誌『講談倶楽部』に一九五八〜一九五九年に「戦場慰安隊長」として連載、一九六〇年、物語仕立ての単行本となった『娼婦と銃弾』は、「北支」「仏印」スマトラへと転戦、予備役将校として便利役にされ、野戦小隊長として「慰安隊長」を命じられた少尉を主人公とする。[26] 奥地の前線部隊へ「慰安婦」を届ける特殊職務を帯びた将校が出会った女性たちの多くは朝鮮人女性であり、「騙されて」この場にいる。内地で「商売」をしていた日本人女性たちと対比的にその「初心さ」を書き分ける設定は、同じく性的経験の浅い初年兵モデルとのロマンチックラブの自然さを読み手にあたえ、両者間での「われわれ」意識の芽生えを強調し、兵士目線からみた戦場の「安らぎ」を読者に印象づけて物語としての戦局の推移を急ぐ。

　一九六〇年代後半から戦場の兵卒をノンフィクション風に綴り、多くの著作を残した元伍長、伊藤桂一も「兵営と戦場生活」という副題を持つ著作に敢えて「戦場の性」として慰安婦を登場させ、その理由に「われわれ」意識をあげ、女性たちへの同情心を語る。伊藤も含め、慰安婦女性に酷薄な、あるいは現地の女性たちを性暴力の対象とする現役除隊即招集による曹長や伍長クラスの古参兵と初年兵の性の違いを書き分け、強調する記述も多い。「慰安所」を「戦争の縮図」と称した朝日新聞の入江徳郎は、批判的戦記作家として知られる高木俊朗との対談で、「敗色濃厚という感じになったときに、慰安所が非常にはやりだした」「前線から連絡なんかで帰ってくる兵隊が慰安所で自殺するなんていうケースがしばしばあった」[27]と慰安所の役割を語ってみせる。戦場の悲惨さの主体はここでも高級将校とへだてられた兵卒の経験の代弁にあり、「慰安婦」というよりは、軍システムとしての「慰安所」こそが、その「縮図」の核におかれていることがわかる。

　先のポスト占領期の日本人慰安婦を前提とする語りが、貢献度に応じて彼女たちの祖国愛を測り、また読者の側に占領下のナショナリズムを喚起させるいわば能動的な働きかけを持つ語りであったとするならば、異民族女性たちを前提とするここでの慰安所・慰安婦の語りは、読み手の側を動揺させる質を持たない。慰安婦女性は同情もふくめ他者化された観察対象にすぎず、軍制度が供する彼女たちはおしなべて「売春婦」イメージをまとう。戦後の読み手は兵士の目線にそって、前線とはいえ比較的安穏な、戦場の銃後での駐屯生活という語りを消費する。加えて戦場の「売春婦」という刻印は、ヘテロセクシュアルな近代家族規範が席巻する戦後日本にあって、その民族性とともに女性たちの経験を幾重にも他者化させる役割を持つだろう。

しかし、初年兵どころか軍属にも属さない、後方支援施設である「酒保」として軍の主計部門が管轄する、いわば軍隊階級の外部に位置づけられた女性（少女）たちを「われわれ」の側が同情を持って自在に語り、その貢献度に応じて「われわれ」範疇に恣意的に加えようとする見方は、性暴力や嗜虐的リンチ、軍刀を用いた制裁が心身に繰り返される側からみた「日常」を欠落させたものである。さらに言えば、一九九一年以降、ハルモニやアマ、ロラたちの〈声〉に出会うことで、『慰安婦』問題」を理解してきた読者共同体にとって、これらを「語り」の側の戦略に沿って読む行為はもはや苦痛を伴う、といって良いのではないか。

いずれにせよ、過去の戦場の語りは吉田がかつて指摘したような将兵の自己愛をめぐる語りの範疇にあり、さらには「われわれ」として慰安婦女性を含んだ戦場風景を描写することで、吉見が指摘したように、自らの戦場経験を救う言説として、さらには一九六〇年代の、いわば次世代のおそらくホモソーシャルな読者共同体に向けての戦場情報、戦場の風景としての慰安所・慰安婦を示す物語として捉える必要があるだろう。

家父長的な語りによって凍結され、ステレオタイプ化された慰安婦像は、書き手の階級に左右されるのだろうか。海軍予備学生として佐世保海兵団に入団、予備役という、市民から幹部養成候補としての海軍士官となった阿川弘之は一九六七年、「将軍から学徒兵から慰安婦まで出てくる戦争を書いてみたい」との作品構想を語る。[28]「戦争の全体」を描く欲望にとって、「慰安婦」への言及は不可欠だった。他方、志願兵としての士官学校を経、海軍主計士官という軍の行政エリートの地位を得た中尉中曽根康弘は、旧海軍軍人たちによる回顧録をまとめた一九七八年の刊行物に寄せた手記で著名な、「私は苦心して、慰安所をつくってやったこともある」[29]との一文を残したが、全体の文脈は、野戦部隊将校としての自身の役割遂行能力の高さを誇示するものである。特に、自身とは出自の異なる「くりからもんもん」の壮年男性といかに自分が心を通わせることができ、彼が若年の自分を上官として認め、死んでいったか。短文ながら、その回顧に紙幅が費やされている。慰安所設置はまさに、部隊の兵卒の心をつかむための戦略として語られている。戦場の部隊統率者として「男たち」をまとめあげた「成功」経験は、戦後の自身のポジションを予見する物語でもあるだろう。

予備役将校ながら陸軍主計少尉となり、「物資全部調達する」役目を持つ経理部将校鹿内信隆の場合、女性たちは「耐久度合」の確認が必要な、軍が調達すべき「もの」としての詳細な語りが目をひく。まさに「酒保」を管理する主計士官ならではの発言と読むべきだろう。鹿内は一九八三年に出された長丁場の対談集にいたってさえ、慰安所管理のあり方や軍専用のコンドーム「突撃一番」の命名の経緯、マニラ上陸作戦について、陸軍の師団将校の戦況報告が「(フィリピンのエリート階層出身の)女子大生が日本の将校のえじきになった」エピソードに終始した例を「話としちゃ面白い」[30]と苦笑してみせる。このように、中曽根や鹿内等、現役予備役将校が自らの職務としての部隊管理能力を示す成功事例として、「慰安所」運営を記述することに対し、疎外感を持つ予備役将校はノンキャリア組の下士官、上等兵等一般兵卒と同様、報われない「われわれ」の戦場描写に「慰安婦」を重ねる。いずれにせよ、一九八〇年代にいたってなお、軍「慰安婦」制度は戦争犯罪として認識されない点に最大公約数を持つ。

ここでは加害者意識の希薄さが、女性たちの被害をナショナルな主体間の物語に読み替える言説である点にも注目しておこう。先の『娼婦と銃弾』(一九六〇)の場合、戦後直後の直木賞候補作家としても知られる著者は、陸軍部隊付き予備将校として中国戦線に出征、シンガポール収容所で敗戦を迎えた。「一人の姑娘を強姦することで、百人以上の敵を直ちにつくる」「山間僻地の人びとは、他国人に女を汚されることに」強烈な反応を示す、と日中戦争下、戦場の銃後でもある日本軍占領地の住民慰撫をめぐる解説(〝だから慰安所は必要だった〟)は同時に、強姦は軍規違反、軍法会議送りと定められてはいても、「前線の部隊長は生死を共にしている部下に対して、そうした強硬な手段ではのぞめなかった」との、多くの回想記に共通する指摘に出会う。だが回想記的記述は、侵略者の軍隊性暴力の結果について、「僻地の人びと」のナショナルな敵対感情を喚起させ、「百人以上の敵を直ちにつくる」という、「われわれ」への影響を懸念しておわる。「われわれ」の行為を正当化する語りの一方、性暴力被害を、「他国人に女を汚される」と意味変換する「僻地の人びと」の側の家父長コード、性暴力を被害者の恥と見なす社会が、では彼等にとっての「われわれ」内部にあった性暴力被害者をその後どのように扱うか。家父長制社会は被害者に過酷な社会的制裁を与えるという、今日では構造的に知られるようになった事態に関心はない[31]。

(2)「『慰安婦』問題」前史——国会議論を再読する

同時代の国会での議論について比較のため考えたい[32]。この方法も近年ではそれぞれの関心から試みられている。本稿では一九五〇年代の言説をはさむ構成によって、その変容と共通性をたどる作業としたい。結論からいうと、「慰安婦」論は戦後初期から登場するものの、一九七〇年代にいたるまで、「日本人」論としての「われわれ」意識の枠内で議論され、ナショナルな主体を立ち上げるバーター的な言説として作用してきた点だ。

戦後の国会DBを用いた「慰安婦」用語の初出はすでに指摘があるように早く、第三回国会衆議院、一九四八年一一月の法務委員会での、委員による陳情書等の付託請願審査としての、「賣春等処罰法案に関する陳情書」審議に登場する。これは一九四六年の公娼廃止以降の警察処罰令廃止(一九四八・五)をうけ、売春を罪とする軽犯罪法、前第二回国会で提出された「売春等処罰法案」への反対陳情である。大阪府接待婦組合連合会会長名で出され、法改正反対の論拠として紹介された。結局成立しなかった同法案は、「売春防止法」(一九五六)の前史とされることも多いが、「売春」および売春取締が戦後的な変容を見せる途上[33]、いわば売春業者側からの異議申し立てである。しかしながらその論点は、「就業婦」の困窮状況とその原因・遠因に向けられている点で特徴的である。

陳情書は、戦後直後の「就業婦」の惨状とその前史を、様々な位相での「前職」を持つ戦争協力者として強調し、「決してすきや好んでこうした職業に入つたのではなく」「諸種の職域において職業外の収入の道をくふういたさなければ、子供を養うことも家族を助け、または兄弟のめんどうを見ることもできず」と主な稼ぎ手としての女性を想定し、政府の売春統制を戦争被害者政策の不備として批判する。女性たちの「自由意志」による部屋貸業という自己規定、占領下に求められた、組合という体裁による「業者」からの陳情は、売防法的規制への業者側による生き残り戦略の一環だろう。しかしその際語られる女性像は、「私たち就業婦の中には、戦争中白衣の天使として第一線に従軍し満洲、中支、南支、南方各地域において、また軍の慰安婦として働きおり引揚げたる者、その他夫が戰死し子を持つ者、元ダンサー、女給、看護婦、女店員、女工等と諸種の前職を持つておる者」として、「就業婦」女性の全体に「軍の慰安婦」を位置づけ、他方で、戦争未亡人を含め、前線と銃後の別なく、戦争によって被害を受けた女性全体の困窮を問題にする論理を持つ。

しかし、以後、一九五〇年代の国会議事録に登場する「慰安婦」用語は、アジア太平洋戦争末期の「慰安婦」の想起をうながさず、同時に、女性たちは記号的な存在でもある。「慰安婦」という語彙は同時代の現象を説明するものであり、固定的な売春婦イメージをまとうことで、政府批判、米軍批判の言説を形成する。なまなましい響きを持った「パンパン」やメディア用語としての「闇の女」「夜の女」の言い換えと考えるべきだろう。ことに講和発効を前にした時期、駐留軍との非対称的な関係と抑圧を個々に説明しようとする文脈のなかで、米軍のために「『慰安婦』を置かねばならなかった」

という想起は繰り返される。一九五二年三月の第一三回国会衆議院の特別委員会において、かつて神奈川に上陸、占領直後の米軍は県行政を通して、米兵相手の「慰安婦」を要請したのではないか?と証人招請された県職安職員に詰問した委員は、「そのような民族的な屈辱の問題にあなたは目を隠している、耳をふさいでいる」と厳しいことばを発している[34]。

同月、特別調達庁設置法の一部を改正する法律案をめぐる議論においても、米軍飛行場近くの「慰安所」とは、「アメリカ駐留軍の作戦にのつとつて、これを便ならしめるための[35]」存在であり、「すべて駐留軍のためというようなことで日本国民の諸権利がまつたく無視される、そういう占領下の状態が継続する[36]」という独立後への近い将来の憂慮が、上記のような近い過去の記憶によって呼び起こされた。一九五五年、駐留政策展開後の典型的な基地の街の現出を批判する文脈では、静岡県御殿場の実情として、「アメリカの西部劇に出てくるような……アメリカの兵隊と特殊慰安婦によって埋まっておるような御殿場駅前の状況」が訴えられる[37]。

他方、売防法成立に、売春当事者への厳罰主義を期待する立場の議論も「慰安婦」用語を用いる。母子寮の予算を、との主張は同時に、地域の子どもたちのパンパンごっこを取り締まるべし、とし、「(赤線従業員の)一部分は実は終戦直後に慰安婦として政府が集めましたその人たち」であり、「大手を振つて威張つてこの仕事に従事」するうえ、「政府からもお招ばれしている」と称している、「早い機会にこれは何とかしてほしい」とする。ここでは女性たちは、占領下の対抗的ナショナリズムの象徴ではなく、性的放恣や倫理性の欠如の象徴とされ、自由意志を持つ「敵の女」は「われわれ」の側のコントロール不能な対象である。また売春防止法原案に向けての審議の前提は、「日本がいわゆる人身売買をあえてしておるというような国際認識」の払拭にある[38]。売買春女性の直接の出自としての「慰安婦」イメージは、「敵の女」としての反ナショナルな意味合いを備える。戦後社会のなかで、排除と周縁化を通じた秩序回復のやり玉にあげられているのである。

このように、朝鮮戦争および安保法制をはさんでの時期に見られる言説としての特徴は、基地の街に展開する「慰安婦」「慰安所」であり、その起源は占領初期にある。女性たちは国家に奉仕した戦争受難者ではなく、他者化された売春婦イメージを帯びることで、戦後の日本社会による更生対象と目された[39]。

だが本土での駐留米軍の記憶と存在が急速に限定されていく一九六〇年代、国会議論に登場する「慰安婦」用語は再び、「われわれ」の範疇の延長におかれ、アジア太平洋戦争末期での戦時動員と国家による雇用関係、身分保障をめぐる議論をその背景に持つ。池谷好治が紹介したように、一九六二年、一九六七年(第四〇、第五八)の国会では戦時下の「慰安婦」が登場する。中核的な主題とは言えないものの、果たした役割と戦後補償との関係が他の「準軍属」事例も含めて議論された。

まず一九六二年四月、戦傷病者戦没者遺家族援護法の新たな改正は、軍人遺家族年金の給付範囲の拡大や格差、特に戦傷病者の規定や原則「やはり身分を持っておるということが基本」が再確認され、野党からは、共済・援護法・恩給等の行政管轄一本化やその受給実態をめぐって「不均衡是正」が掲げられた。日本社会党小林進衆議院議員は、社会労働委員会での議論の中、敵の銃弾による死はどう処遇されているか問い、「私も兵隊に行きましたからよく知っていますが、慰安婦は、陸軍でもどこの部隊にも所属部隊がございました」と明言し、援護法援用の可能性を問うた。これに対し厚生事務次官で援護局長の山本浅太郎は、「大陸等におりました慰安婦は、軍属にはなっておりません」が戦闘参加による死は「準軍属の扱い」だと回答している。戦時下の人びとはいかに能動的に国家に尽くしたのか?「国家保障」の拡充と方向性の模索は「原則」の確認に加え、改めて「軍の慰安婦」への言及を呼び起こした。

次いで一九六八年での援護法改正をめぐる議論で社会党の後藤俊男は、自身の調査として「大東亜戦争当時、第一線なり、いわゆる戦場へ慰安婦がかなり派遣されておった」「無給軍属ということで派遣しておる」「業者と軍とのあいだで、おまえのところでは何名派遣せよというようなことで、半強制的なようなかっこうで派遣されておる」、「看護婦の代理も」「弾薬も運ぶ」「戦闘部隊のような形」としたうえで、「過去において、五、六十名（援護法を）適用した」らしいという。[40]議員たちが語る戦場経験者にとって軍と慰安婦との関係、さらには軍の下請けとしての業者の存在は論争的なことではなく、またその描写は先の回想記に通底するものだろう。厚生大臣側の回答も具体的で、「その実情が、海軍と陸軍とで関係も違っております」「戦争の初めごろと終わりごろとではまた資格、契約等のことも変わっておる」と調査の方向性を示し、政府委員は援護法適用の原則としての「雇用関係」にないことを強調するも、「現実には何か相当前線の将兵の士気を鼓舞するために必要なわけで、軍が相当な勧奨をしておった」と見る。むしろここでは、女性たちの戦場での死も含め、軍への貢献度合いを通じ、国家補償配分の可能性がかなり積極的に模索されていたことが分かる。また、何よりも援護法適用は遺族の申請が必要な案件である。委員は「援護法等の適用につきましても手を差し伸べていくのが政治の力だと述べ、政府委員の側も「都道府県、市町村のルート」を使って徹底していきたい旨を述べている。こうした観点からの案件が、都道府県の部課長会議で議題にのぼり、市町村の援護課ルートに何らかの指示があるのか。行政文書が残る可能性は高く、興味深い。いずれにせよ、一九六〇年代、「軍の慰安婦」は「援護行政」枠組みのなかで浮上し、論理としては、国家に有用な戦争死者の枠内にあった。同時に、当事者世代の同胞意識の通底がうかがえる。

もっともそこで想起された慰安婦女性像の記憶は、国家への貢献、国家にとっての有用な死者であり、国家側からの誘いに応じることで初めて国家補償の対象となる。戦後国家によって改めて序列を伴った軍隊秩序が意味づけられる論理が展開されていたのである。同時に、ここで想起されている、いわば戦後国家の戦争補償の対象とされた慰安婦像が日本人慰安婦を前提としていたことは明らかで、少なくとも民族的視点が欠如していた点は、論理としては明らかだろう。この点は、一九六〇年代の韓国の主要メディアが、日韓請求権協定をめぐって、改めて「挺身隊」問題としての「『慰安婦』問題」を想起し、あるいは「被害者のいない噂話」ではあれ、一九六三年九月の日韓会談を目前とした時期には強制徴用の具体例として登場していた、とする動きと断絶したものであった(41)。

これに対し、一九七二年の六〜七月、衆議院法務委員会において、赤松要が提起した「慰安婦」問題は、日韓請求権協定において残された戦争責任としての強制連行を問う文脈から論じられる。問題の枠組みやどのような社会と戦争の痛みを共有するのか、という点での断絶は改めて共有されるべきだろう。一九八五年の衆議院予算委員会では吉田清治氏の二作目の著書『私の戦争犯罪』による済州島での女性たちの強制連行の叙述が引用され、質問者は中曽根首相に政府姿勢をもとめた(42)。ことに一九九〇年以降での国会質疑は、資料調査の要求など同時代での韓国の市民運動の動向に呼応して、具体的に政府の責任を求める発言が明確だ(43)。

もっとも一九七〇年代以降の「『慰安婦』問題」をめぐる問題の表出は、たとえば一九七二年、沖縄「返還」によって改めてその「無国籍」の経緯が報道されたペ・ポンギさんとその声を長きにわたって聞き書き、『赤瓦の家』として日本語読者につたえた川田文子の営みのように、あるいは一九八四年一一月二日、本名宣言以前のタイ在住の元慰安婦女性、盧壽福さんに韓国の女性記者から情報を得て単独インタビューを行い、日本語記事とした朝日新聞シンガポール支社の松井やより記者の動きのように、当該時期の言説を形作る主要なアクターは、日韓のフェミニズム運動も含め、むしろ国会議論の外側にこそあることは明らかだ。蛇足ながら、当事者の〈声〉が慰安婦問題の核となる「一九九一年」以降を考える際、それ以前のフェミニズム潮流の情報交換とその成果が、日韓の枠組みを越えた動きであった点への議論も今後、言及が必要な段階にあるだろう(44)。

ともあれ、一九五〇年代をふまえた一九六〇年代の言説と問題構成そのものの変容をたどる作業は改めて、一九七〇年代以降との論じられ方の違いを可能にする。最後に、証言や声がいかに従来の語り、兵士経験による語りに破壊的な影響を与えるのか、を考える際、改めてもう一つの語り・声、としての男性兵士証言に向けられた「検証」とその暴力に関心を向けてみたい。

3　終わりにかえて――「声」の出現と「検証」の暴力

当事者の経験とはいえ、兵士の戦場経験に即した回想録は記憶違いもあるので、と数十年経てから当時の兵隊仲間と連絡を取り合い、記憶を確かめ合った、とする断り書きもおおいものの、敢えて特定を避けるために、意識的に個人名や地名を伏せる操作を明言するものが目立つ。[45]ではそれらの記述は、「検証」される性格を持つものだろうか。おそらく問いは逆転する。どのような記述こそが、「検証」の政治にさらされ、歴史実証としての精緻さを求められ、そうした文法から逸脱した虚証言とのレッテルをはられるのだろうか。ここでは最後に、むしろ少数派であれ、加害者意識を持った元兵士等の「ありふれた同様の趣旨を持つ」叙述が「抹殺」される力学について考える必要を提起してみたい。

二〇〇〇年一二月の東京の九段会館で開かれた民衆法廷、女性国際戦犯法廷（The Women's International War Crimes Tribunal on Japan's Military Sexual Slavery）では、金子安次と鈴木良雄が元日本兵として「加害証言」を行った。[46]一九四〇年にそれぞれ二等兵として応召、部隊に配属された際、慰安所はすでに中国戦線の各地にあり、鈴木はマクドナルド主席判事の質問に答え、「軍隊に慰安所はつきものです。われわれはピー屋、朝鮮ピー屋とよんどった！」と証言している。金子は希望して追加証言も行ったが、「強姦だったらただです」「敵の女は殺せ」等々の認識は、上記の回想録が描く過去の戦場の現実に通底する。しかし既知の断片化されていた出来事が語られる問題構成は、ここでは大きくことなっている。彼らは加害証言として「証言」に応じていたからだ。元上等兵という一般兵卒からの生々しい証言が、何よりも加害証言としての自覚によって当事者の口から発せられたことのインパクトは大きい。判事は二人の勇気を称えるとし、会場に拍手をうながしたが、二〇一一年一二月末に起ったETV番組改ざん事件では、彼らはその発言ごと存在がなかったかのように見事に「削除」され、金子の証言は「検証」の攻撃にさらされたという。

「南京大虐殺」の証言者とされた東史郎も含め、その証言や回想録は出版当時ではなく、「検証」を「実証」しようとする側の都合に応じて「論証」対象とされる。

その典型例、吉田清次の場合、中曽根や鹿内等、元将校が戦場に向けた差配を自らの職務の成功事例として語っていたとすれば、二冊の回顧録[47]は兵士ではなく、軍属と思われるポジションにあったうえ、戦場そのものの描写ではない点で異色である。攻撃対象となったのは国会で取り上げられた一九八三年の著作のみだった。吉田の叙述は、自身の業務を淡々と説明し、女性たちをいかに集め、「供出」するかに向けられ、回想記的ノスタルジーと無縁だ。二作目について吉田は、赤旗の記者のインタビューに応じ、済州島が一九四四年、一九四五年段階では軍にとって、特殊な場所と環境にあった例外的な場所であったこと、そもそも吉田らは男性労働者を確保するためのノウハウを持っていたが、「女性の供出についての手順は不慣れ」であることも語っている(48)。

他方、「検証」の暴力の対象とはならなかった一九七七年に書かれた一作目は、下関を舞台とし、対象となった女性たちは在日朝鮮人女性たちであった。吉田にとって女性たちは地域住民として広い意味で顔の見える存在だったことが叙述から分かる。吉田は供出業務を批判している。しかしその語りは、回想録を分析的に扱う多くの歴史研究者が指摘し、あるいは本稿でも言及した、「職務」を持つ将兵の回想記に通底する。

> 動員部長として、私は朝鮮人の徴用には慣れていたが、慰安婦の動員命令だけは不満で腹だたしかった。私は朝鮮人の男に徴用をかけるときは、炭坑や戦地に送られて彼等がどんな悲惨な目にあうか知ってはいても、戦時下の労務動員だからしかたがないと考えることができた。もし朝鮮人の女を慰安婦ではなく、ほんとうに雑役婦としてなら、どんな危険な前線でも、どんな苦しい作業でも、決戦下の労務動員だと考えて平気で女の動員業務をやっただろう。私が朝鮮人の娘や女房に徴用をかけて軍の慰安所へ送る仕事がいやだったのは朝鮮人の女がかわいそうだと思ったからではなく、この徴用が売春にかかわる仕事だったからだ。……慰安婦は売春婦とちがい、徴用されて兵隊の相手を強制されるのだったが、やはりそんな女を徴用する仕事は汚らわしく、男の誇りを傷つけられるような気がした
> （一九七七、一五六頁）

吉田の執筆動機は一九八〇年代末、産経新聞も含めた新聞記事での語りによれば、その加害責任に対する深い自責と自覚にあったことが知られてきた。しかし、一九七七年に出版され、攻撃の対象になっていない著作からは同時に、自国の軍隊に誇りを持つような心性が「慰安婦」制度の運用に対し、いかに「男の誇りを傷つけられる」事業であったかを語るテキストとして、重要な告白といえるだろう。性暴力を問う視点はあらためて、社会構造が生み出す男性性やさらには兵士の性欲という神話を問う段階にある(49)。加害者意識を持った男性証言者たちの「ありふれた同様の趣旨を持つ」叙述が「抹殺」される力学は改めて、歴史修正主義の持つナショナリズムとジェンダーアイデンティティが交差する場として検討されるべき課題だろう。とともに、誰を読者とするか、語り手の兵士の持つバイアスはホモソーシャルな社会の構築に向けてどのような立ち位置にあるのか、男性ジェンダー射程の必要性もまた求められる段階にあるように思われる。

注

（1）他方、いまだに繰り返される「強制性」を示す公文書不在、といった論点も、戦後直後のBC級裁判が認定した事実や軍事裁判資料はアジア太平洋戦争下、日本軍占領地での無数の「事件」によって、狭義の強制性の存在を示すうえ、これらの裁判

記録例が、河野談話段階で日本政府の手元に集められていたことも知られている。政府はあくまで、植民地支配のなかで、狭義の強制性を示した公文書は見つかっていない——と限定すべきなのだ。だが、そもそも植民地支配下でそのような公文書が正式なルートで作成され、あるいは残されるものなのだろうか？　あるいは見つけ出す努力は誰によってなされるものなのだろうか？

(2) 一九九七年以降の例を紹介しておこう。永井和は二〇〇〇年にはじめて従軍慰安婦問題に関わる極めて重要な史料発見および史料群として読み解くスキルを駆使した「実証」論文を発表した（永井和「陸軍慰安所の創設と慰安婦募集に関する一考察」『二十世紀研究』1号、二〇〇〇、のち永井著『日中戦争から世界戦争へ』思文閣出版、二〇〇七所収）が、歴史研究者としての関わりの動機は、教科書問題としての従軍慰安婦問題をめぐって、歴史修正主義者による無理のある史料解釈や引用のあり方にふれたこと、これらの批判者側の議論も軍隊のしくみについての知識に乏しかった傾向をあげる。

(3) 二〇一三年一二月一五日、日本史研究会・歴史学研究会合同シンポジウム「『慰安婦』問題を／から考える——軍事性暴力の世界史と日常世界」のち両会編『「慰安婦」問題を／から考える』（岩波書店、二〇一四）所収、藤永壯「『失われた二〇年』の『慰安婦』論争」。

(4) 植村隆『真実』（岩波書店、二〇一六）等参照。

(5) 『読売新聞』一九三二年一月五日。

(6) 『読売新聞』一九四〇年一月五日。

(7) 近年、「遊郭社会」研究としての言及も増えているが、早い段階での男性「遊客」に視点を置いた研究として、横田冬彦「娼妓と遊客」（京都橘女子大学女性歴史文化研究所編『京都の女性史』思文閣出版、二〇〇二）参照。

(8) 前掲（6）。

(9) M・L・ロバーツ、佐藤文香監訳『兵士とセックス——第二次世界大戦下のフランスで米兵は何をしたのか？』明石書店、二〇一五。

(10) 『マーケット』創刊号、貿易情報経済社、一九四七・三。

(11) 『時事新報』一九四八・二・九。

(12) M・モラスキー、鈴木直子訳『占領の記憶／記憶の占領』青土社、二〇〇六。

(13) 米山リサ『暴力・戦争・リドレス』岩波書店、二〇〇三。

(14) 『木更津基地——人肉の市』洋々社、一九五七。

(15) 『実話世界』一九四九・九・一。

(16) 『オール読切』一九四九・一一。

(17) 『夫婦生活』一一・一二、家庭社、一九五〇・一一。

(18) 「コメミソショウユ」はそれぞれ日本・台湾・朝鮮出身の慰安婦女性だった、という（『思想の科学』五・一、一九四九・一〇）。

(19) 中村獏『あまから戦陣訓』榊原書店、一九五七。

(20) 富田邦彦編『戦場慰安婦』富士書房、一九五三。

(21) 「マンガライの将校慰安所」（黒田秀俊『軍政』学風書院、一九五二）、「将官慰安所」（木村登『原爆機東京へ——新版・太平洋戦争秘録』鱒書房、一九五二）等。

(22) 重村実「特務要員と言う名の部隊」（『文芸春秋』三三、一九五五・一二）。

(23) 「厚生大臣に対する『ウイロビー』少将の法話要旨」一九四七年一〇月二一日付、ただし訳語は厚生省カ（『復員省

関係資料』R2, 0128-0130、憲政資料室蔵)。
(24)吉田裕『日本人の戦争観』岩波書店、一九九五(岩波現代文庫、二〇〇五)。
(25)吉見義明「戦争の記憶、戦争の記録——『従軍慰安婦』関係記録の問題を例として」(国文学研究資料館史料館編『アーカイブズの科学　上』柏書房、二〇〇三)。
(26)中村八朗『娼婦と銃弾』講談社、一九六〇。
(27)『現代日本記録全集』二二巻、筑摩書房、一九六九。
(28)『読売新聞』一九六七年一月二九日。
(29)「二十三歳で三千人の指揮官」(松浦敬紀編『終わりなき海軍』文化放送開発センター出版部、一九七八)。
(30)桜田信隆・鹿内信隆『いま明かす戦後秘史　上巻』サンケイ出版、一九八三、三一頁。
(31)二〇一一年の関釜裁判で地方裁判所は、中国山西省での日本軍による組織的性暴力による拉致監禁の事実を認定したが、性暴力被害者女性の妊娠は、地域共同体によって対日協力の証とみなされ、彼女と彼女の家族には裏切り者としての暴力が加えられ、排除の対象とされた。
(32)木下直子「『慰安婦』言説再考——日本人『慰安婦』の被害者性をめぐって」(二〇一三、九州大学大学院提出博士論文)、池谷好治「『慰安婦』援護実例に関する国会審議」(『戦争責任研究』三三、二〇〇一)。
(33)売防法成立をめぐる占領後期の問題構成については出岡学「日米安保体制と売春防止法」(『女性史学』一九、二〇〇九)参照。
(34)一九五二・三・三、第一三回、衆議院、行政監察特別委員会。
(35)一九五二・五・六、第四回、衆議院、建設委員会。
(36)一九五二・三・二九、同右、衆議院、内閣委員会。
(37)一九五五・七・一四、第二二回、参議院、内閣委員会。
(38)一九五二・四・二五、第五回、参議院、法務委員会。
(39)改憲によって再軍備を進めようとする政府への牽制として、「アメリカの兵隊さんがさびしければ、その人たちが慰安婦志願をしたらよいでしょう」との社会党議員の発言も残る。「その人たち」とは、前後の文脈からは改憲・再軍備案の主役としての老人世代部隊の「ご家族とお嬢さん」らしい。発言の持つ家父長的質をめぐっては、政治的立場の違いはそれほど重要ではないこともこれらのやり取りからはわかる。
(40)一九六八・四・二六衆議院社会労働委員会。
(41)新聞データベースを用いた言説分析とその変容として、木村幹「国際紛争下以前の韓国における慰安婦問題を巡る言説状況」(『国際協力論集』二三、二〇一五・二)、吉方べき「『朝日』捏造説は捏造だった」(『週刊金曜日』一〇三五、二〇一五・四・一〇号)等。
(42)一九八五・二・一四衆予算委員会。
(43)一九九〇年以降、一九九一・八・一四以前での社会党竹村泰子議員や清水澄子議員、本岡昭彦議員による質疑としては、五・三〇参予算委、六・一参内閣委、六・六参予算委、一二・一八参外務委、一九九一・二・二一衆予算委、四・一参予算委等がある。
(44)尹貞玉は四年後、タイや沖縄に在住するハルモニへの訪問に際し、事前に松井からハルモニたちの情報を得ていたとする。北海道、沖縄、タイ、パプア・ニューギニアと海外同胞を対象としたインタビューは、北海道の強制連行を解明する市民運動や松井記者情報もふまえたポンギさんと盧壽福さんへの接触など、同時代の国境を越えた市民運動のネットワークの成果であった。

(45) たとえば、中村八朗は出版社の要求に沿って書いた『娼婦と戦場』とは別に自身のために書き残したいとして『ある予備役将校の手記』上、下（徳間書店、一九七八）を、しかし固有名詞を伏せて綴ったという。
(46) 元中帰連の会員。金子には熊谷伸郎『金子さんの戦争』（リトルモア、二〇〇五）など、まとまったインタビュー記録がある。
(47)『朝鮮人慰安婦と日本人――元下関労報動員部長の手記』（新人物往来社、一九七七）および『私の戦争犯罪――朝鮮人強制連行』（三一書房、一九八三）。
(48) 今田真人『吉田証言は生きている』共栄出版、二〇一五。
(49) 例えば前掲『「慰安婦」問題を／から考える』所収の松原宏之「兵士の性欲、国民の矜持」論文等参照。

（二〇一六・五脱稿）

●シンポジウム報告

沖縄における「軍隊と性」

――日本軍「慰安婦」と「集団自決」の相関性をとおして

宮城　晴美

はじめに

一九九九年（平成一一）八月、新沖縄県平和祈念資料館の展示をめぐって、当初予定していた「慰安所マップ」（「沖縄女性史を考える会」作成）が、県当局によって削除されるという問題が起こった。[1]そして二〇一二年（平成二四）二月には、沖縄守備隊の第三二軍司令部壕跡の説明板から、検討委員会がまとめた「慰安婦」、住民虐殺の記述を、仲井眞弘多知事が削除。「慰安婦が明確にいたという、事実を証明する文献、書類がない」「虐殺は有無両論ある」という理由によるものだった。それについては後述するが、沖縄における軍隊と「慰安婦」の密接な関係は、日本軍が駐留した地域住民にとっては当たり前の光景であり、証言のみならず日本軍の「陣中日誌」にも詳細に記されてきた。

沖縄の「慰安婦」に関する住民証言が戦後の公的記録に登場する初出は、管見によれば、陸上自衛隊幹部学校による、沖縄戦史現地研究を目的に地元有力者の戦争体験の講話を収録した、一九六一年の『沖縄作戦講話録』と思われる。その中に、戦時下の壕内で新聞を発行していた高嶺朝光（戦後は沖縄タイムス社社長）の、「日本軍は慰安婦を置いていた」[2]という証言がある。同『講話録』のまえがきでは「いずれも沖縄作戦に関しては直接の体験並びに豊富な資料と識見を有する方々であり、内容は同戦史研究上極めて貴重なもの」とする証言の信憑性の高さを述べているのである。

また、一九六七年から、琉球政府によって住民の戦争体験の聞き取り調査が行われたことで、『沖縄県史　第9巻各論編8　沖縄戦記録1』（琉球政府、一九七一年）と、沖縄の日本復帰後に出された『沖縄県史　第10巻各論編9　沖縄戦記録2』（沖縄県教育委員会、一九七四年）にわずかではあるが、沖縄の辻遊郭の女性と朝鮮出身の「慰安婦」に関する証言が収録された。その後、一九七〇年代後半から『那覇市史』をはじめ沖縄県内自治体による市町村史編さん事業で戦争証言が綴られるようになり、その過程で、「慰安婦」に関する記述が多数見られるようになった。証言で共通していることは、軍隊なくして「慰安婦」の存在はあり得なかったということだった。

沖縄で、こうした〝遠景〟として語られてきた「慰安婦」の当事者の声がはじめて紹介されたのが、一九八七年の川田文子による『赤瓦の家』だった。そして、在野の女性史研究グループ「沖縄女性史を考える会」が一九九二年に慰安所調査を行い、県内一三〇カ所に存在したことを確認したが、その後の調査で、延べ一四五カ所に慰安所があったことが判明している。ところが、昨今の日韓の外交問題を背景に、インターネット情報などで「慰安婦」問題の軍の関与を否定したり、「慰安婦」は朝鮮人だけだと思っている若者たちが増えていることも事実だ。それだけ、バックラッシュの波は、「当事者」である沖縄にも、確実に押し寄せてきているということである。

戦時下に留まらず、いまなお止むことのない米兵の性犯罪に通底するこの問題。本稿では、家父長制によって〝娼婦〟と〝淑女〟に二分されてきた沖縄の女たちの「性」が、軍隊という「男らしさ」を表象する暴力的集団のもとで、どう「利用」されたのか、〝娼婦〟としての日本軍「慰安婦」と、対極の〝淑女〟たちが追い込まれた「集団自決」の相関性について考察する。

ターゲットにされた女性の風俗改良

薩摩に支配された時期も含めておよそ五〇〇年、中国を後ろ盾に冊封関係を築いてきた琉球国は、一八七九年（明治一二）、明治政府の武力による琉球併合（琉球処分＝廃藩置県）で沖縄県とされ、近代国民国家建設のプロセスに呑み込まれていった。租税（年貢）や役人体制は琉球国時代の制度が維持されるという、いわゆる「旧慣」温存策がとられながら、教育は翌年から日本語指導を中心に行われた。続いて一八九八年（明治三一）、日本に二五年遅れて小笠原島とともに沖縄県に徴兵令が施行されることになった。日清戦争後の、日本国民の国家主義・軍国主義の高揚にもかかわらず、親清反日思想から抜け出せない沖縄県民に対して徴兵制が敷かれたことは、他府県人で占める官界・教育界の指導者層や、新聞人をはじめとする地元の〝植民地エリート〟に大いに歓迎された。徴兵制施行が、沖縄人の日本人への仲間入りを意味したからだ。

しかし、当時の新聞紙面に徴兵忌避者の情報が絶えることはなかった。そしてこの年、初の沖縄出身女性教師が誕生した。王国時代以来、たとえ王妃であっても女子に教育の機会は与えられなかったが、一八八五年（明治一八）にはじめて、沖縄県出身の女児三人が小学校に入学した。その後就学率は低迷しながらも、一三年後に女教師が誕生したことは、琉球・沖縄史上画期的なことだった。さらに民法が施行されたことで、琉球の士族層に継承されてきた男系血族の「家」制度（「門中《もんちゅう》」）のしくみが、慣習の域を脱して法的に裏づけられるというように、(3) 明治三一年は沖縄女性にとってまさに歴史のターニングポイントともいえる年となった。

図１　琉装の女性（那覇市歴史博物館提供）

まもなく、学校を中心に国家神道と天皇崇拝の心情を養う「忠誠心」の培養や、日本語の使用、生活習慣の「内地」との一体化をはかる「同化」（国民化・植民地化）政策がもたらされ、女性たちには、高等女学校の開校とともに「良妻賢母」教育も併せて行われていった。また学校のみならず、一般女性の生活習慣にも〝メス〟が入れられた。一七世紀以来、どんなに禁止令を出しても、女性たちの心のより所として止むことのなかった「ユタ」(4)活用が改めて禁じられた。そして「琉装」（帯をしめないで、着物の襟の下部を肌着のひもに押し込んで固定する着付け法）が学校では和装に改めさせられ、また、当時の成人女性のほとんどが施していた手の甲の入れ墨（ハジチ）には刑法の違警罪が適用されて取り締まりが行われた。(5)

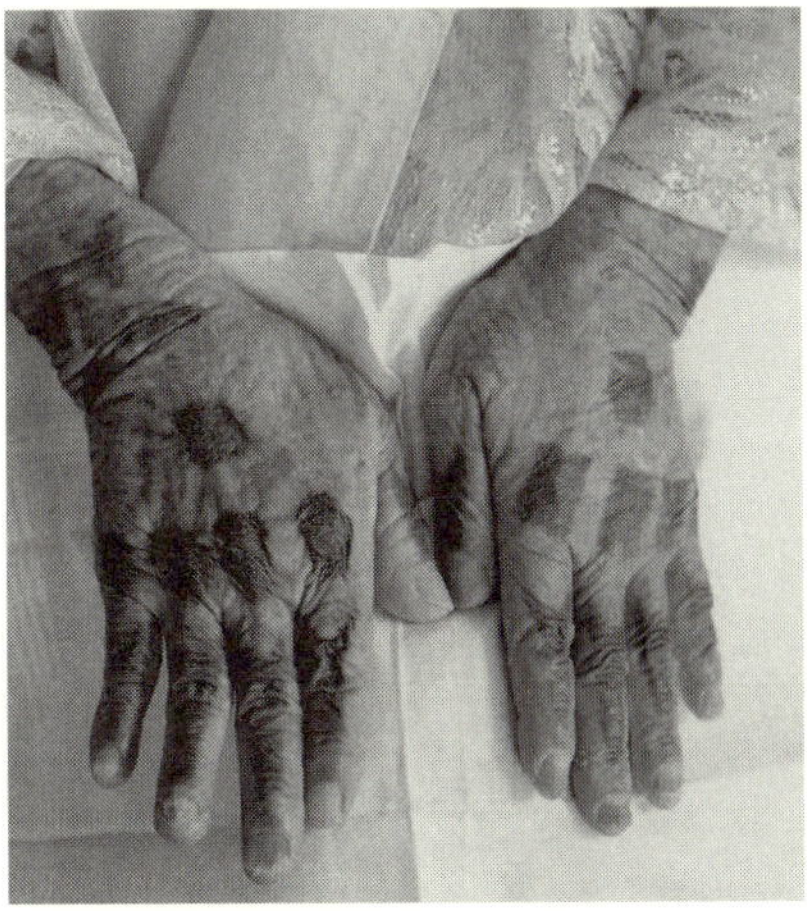

図２　ハジチ（山城博明撮影）

さらに女性たちに厳しい目が向けられたのが、「貞操」観念だった。起源は不明だが、当時の沖縄の農漁村には「モウ遊《あし》び」という、男女の交際の場があった。一日の野良仕事や漁の手伝いを終えた一四、五歳以上の独身男女が、サンシン（三線）を片手にモウ（広場）や浜辺に集まって、男女の歌の掛け合いと踊りを楽しみ、やがてカップルが誕生して結婚に至るという、いわゆる〝野外合コン〟だった。「モウ遊び」が最も盛んだった名護では「斯くて深更に及び、時過ぐれば相思の男女各々相携へて別れ去り、寝に就くを常とす。禽獣を去ること遠からず。斯の如く年少男女の間に私通盛んに行はるゝ故に、人の妻に無瑕の珠は少なきのみか、婚嫁の際に他人の種子を持参するの例は珍しき事にあらず」として、新聞投稿氏は「実に野蛮の至極也」と、女性のみを厳しく批判している(6)。

徴兵制に伴い、「モウ遊び」の対策として県内各地に「風俗改良会」が設置され、取り締まりが強化されるが、しかし効果はほとんどなかったようで、その後の日本軍徴兵業務担当者から沖縄県人の民度の低さや軍事思想の欠如とともに、「モウ遊び」がやり玉にあげられることになる。

「モウ遊び」で〝貞操観〟批判

徴兵制スタートから一二年後の徴兵事務担当者の報告書では、沖縄人が愛国思想に乏しいことと、徴兵検査の成績不良の要因として「一般ニ放逸遊楽」を好むことが批判の筆頭にあげられ、「服装ハ極メテ粗悪ニシテ寧ロ礼意ヲ欠クモノ多シ」、そして徴兵忌避のために「故意ニ花柳病ニ罹ル」など、沖縄人の怠惰や著しい後進性を批判した(7)。大正期には「毛《モウ》遊《アシビ》、盆踊、村芝居　一種の男女娯楽機関なれ共弊害を伴う」「早婚、早熟、早老者多し（中略）小女十四、五才にして既に成熟するもの多し」「淫猥なる音楽を弄し妾を貯へ花柳の巷に入り毛遊等男女交遊の多き所以なり」(8)と、「沖縄特殊の陋習」から抜け出せない県民性を沖縄連隊区司令部もまた批判している。

当局がどんなに愛国心だの風俗改良だの叫んでも、変わらぬ県民性に昭和の連隊区司令官は自ら積極的な行動に出だした。十五年戦争の口火を切った一九三一年（昭和六）の満州事変、続く翌年の上海事変と日本中が騒いでいるのに対して、いわゆる「ソテツ地獄」(9)に陥ったまま生活困窮にあえぐ沖縄県民は、官民をあげて経済再建の最中にあり、戦争は対岸の火事でしかなかった。こうした県民の様相に石井虎雄沖縄連隊区司令官は、沖縄を防備するうえで県民性に問題ありとする内容をまとめた報告書「沖縄防備対策」を、陸軍次官あてに送付した。他府県に比べて沖縄県民が国家意識や愛国熱に乏しい現状や、一八九四、五年（明治二七、八）の日清戦争以降今日なお、親清反日の思想が息づいているとして、「憂ヒノ最大ナルハ事大思想ナリ」と、情勢次第では沖縄人が中国寄りになりかねないことを危惧した文が見られる(10)。つまり沖縄戦で住民虐殺や「集団自決」につながるスパイ行為への警戒がこの頃にはじまっていたのである。

さらに石井司令官は、県民が「一般ニ怠惰」で一日の労働時間が短いことを掲げたうえで、「青年男女ヲ毒スヘキ一大弊風アリ。当地ニ於テ一年ノ大部ヲ占ムル夏季ヲ通シ毛遊ト云フモノ行ハル（中略）此風習ハ十四五歳ヨリ婚時ニ及ブ。甚タシキハ十二三ニシテ見習フモノアリ。此間、雑交、乱交、生育不良、操志欠乏ノ結果ニ陥ル当然ノ帰着ナリ」と、苛立ちにも似た報告を行っている。

　上官への文書送付から数カ月後、石井司令官はさらに「昭和九年度徴兵検査ノ成績ニ鑑ミ県下ノ有識者各位ニ訴ヘ其奮起ヲ望ム」と題したパンフレットを作成し、非公開を前提に、師団司令部や関係陸軍部隊、県内では県庁の課長や各町村、学校など「県下各方面ノ指導監督ノ地位ニアル人士ニ配布」[11]した。それが沖縄県会議員の手に渡ることになり、県民を侮辱する内容だとして県会と新聞紙上で石井司令官への抗議が行われた。あいにくパンフレットが現存しないため、詳しい内容は不明だが、当時の新聞、県会議事録を読む限りにおいて、徴兵検査の成績が悪いのは風紀の紊乱である「モウ遊び」のせいで「一人前ノ体格知能ヲ得ムト欲スルモ望ムベカラザルヤ明カナリ」[12]と批判、おそらく女性の「ふしだらさ」を指摘したか、沖縄県会で、沖縄女性の「貞操観」が論じられることになった。県会議員の一人は、「モウ遊び」は一部の女性たちが参加しているだけで、「沖縄県ノ婦人程貞操守護ノ点ニ於テ用意周到ナ婦人ハ無イ」[13]と、「貞婦」を紹介したり、琉装が身を守るために堅固に作られていること、糸満の女性が酔っ払いに胸をさわられた際、殺してまで身を守った「乳房事件」[14]、そして幕末にペリーが琉球に来航した際、その部下に強かんされた女性は自殺[15]したではないかなど、事実関係の裏づけのないものまで引き出して沖縄女性の「貞操論」を展開した[16]。

　しかし、石井司令官は記者会見の場で、記者団から「沖縄に一人の処女も、一人の童貞もいないと誤解を受け（中略）県民の名誉を傷つける」ので訂正の意向はないか質問されると、「私の口に戸を立てることは出来ますまい」と意に介さず、むしろ公開禁止の文書が県議の手に渡ったことに怒りを示した[17]。石井は単に県民批判に終始しただけでなく、赴任する間もなく国防研究会（会長・県知事、副会長・石井）を結成し、その翌年（昭和八年）には、村政の刷新を掲げて青年を中心に村長等の辞職要求で揺れた大宜味村に、共産主義者を根絶するという目的で県内トップを切って国防婦人会を設置[18]するなど、笛吹けど踊らない県民に業を煮やし、自ら立ち上がって国防、愛国運動を積極的に進めていった。

「さやうなら琉装・琉髪」

　沖縄の貧困は、移民・出稼ぎへと県外へ人々を放出することで解決策を見出すが、移民地の日本人社会や県外で働く人たちの中には、「沖縄人・琉球人」と差別された人たちが少なくなかった。言葉が通じないことを筆頭に、独特の名前、手の甲の入れ墨、生活習慣の違いなどが要因であった。こうした他府県人による沖縄人観を背景に、一九三五年（昭和一〇）から沖縄県主導で「改姓・改名」運動が取り組まれ、沖縄独特の名前を変更する動きが見られるようになった。もっとも男性は入隊の時に改名したが、女性の場合は那覇を中心に、女学校入学を機会に改名したようだ。たとえば明治三四年生まれで大正三年に沖縄県高等女学校に入学した那覇出身の金城芳子（幼名・マズル、戸籍上はヨシ）によれば、モウシ、ナベ、カメという名の友人たちが、女学校ではカオル、ヒデ、栄子に改名していたという[19]。とくに那覇は県外から来た役人や商人の娘たちが大勢おり、その影響を受けたことは十分考えられるが、地方から女子師範・高等女学校に入学した女性を含む「ひめゆり同窓会名簿」（県立女子師範・県立高女・一高女）を見ると、昭和一二年の卒業者の「カミ」「マウシ」を最後に「日本名」になっている[20]。女性の改名が一般に普及するのは昭和十年代で、県当局のキャンペーンも相まって「カマド」を初子に、あるいは「ナベ」を花子にするなど、女子青年団などを中心に進められていった[21]。

明治三十年代以降、風俗改良が叫ばれながらも一向に変わらない民衆に対し、沖縄県では一九三七年の日中全面戦争、翌年の国家総動員法の施行を機に、旧来の陋習を打破して言語、風俗、習慣を改善しようと、県知事らを顧問に県内の行政、立法、教育界をあげて「沖縄生活更新協会」を創設し、「新生活運動」に着手した。理事の一人は「我等は日本人たるの誇りを持って勇往邁進しなければならぬ。退嬰・卑屈・消極・卑下は禁物である。我等沖縄人は人種学、血清学、言語学、風俗、土俗其他有《ママ》ゆる角度から考察しても立派な大和民族であり」「県民が日本人としての水準に到達する為めに標準語の励行、婦女服装の改善、社会道徳の向上、礼儀作法の躾け」の改善が必要だと述べ、さらに「我等は二千六百年を期し断々乎として長をすすめ、短を改めて行かう」と県民の「日本人」としての意識改革を訴えた[22]。

併せて、女性の文化的標識の一つとして風俗改良のターゲットにされてきた服装、髪型にも改善が求められた。前述したように、女学校を中心に「琉装」が廃止されて和装に変わっていたものの一般女性への普及には至らず、他府県並みに改善するようにということだった。もっとも「琉装」という場合、沖縄の女性全般の服装というより中流以上の女性たちが着たもので、一般の女性は家庭で織り上げた絣や芭蕉布などの質素な労働服が日常着であった。そして髪型も、首里、那覇の地域、あるいは身分によって結い方が異なったが、いずれも髪の毛を丸めて結うため、「ジーファー」といわれる簪をさして固定するようになっていた。このジーファーには種類があり、中流以上の場合は晴れ着の際に銀製をさすが、一般的には鼈甲や木、真鍮が使用されていた。こうしたなかで、沖縄県連合男女青年団が県民生活更新運動の一環として、女性の服装改善に乗り出し、ある地域では、しだいに和装に改めながら「琉装用の婦人簪を全廃して之を献納し長期建設に備へて銃後の強化に邁進すること」[23]を決議した。さらに女学校の教員を中心に「琉装全廃運動」もおこり、三〜五円程度で沖縄の風土に適した和装の標準型を作って、若い女性から高齢者まで一斉に着用させる構想まで打ち出した。

それがどの程度実現されたかは不明だが、アジア太平洋戦争勃発から一年半後の一九四三年（昭和一八）六月四日、国民衣生活の徹底的簡素化をはかるために「戦時衣生活簡素化実施要綱」が閣議決定され、女学生制服の装飾的部分の除去と婦人標準服[24]の着用が義務づけられたことで、琉装廃止を唱える沖縄の行政担当者や教師、婦人会にとって、渡りに船の好都合な取り組みとなった。その二カ月後、大政翼賛会沖縄県支部を中心に「琉装は標準服へ、琉髪のかんざしは献納へ」とのキャンペーンが全県的に展開された。新聞は「さやうなら琉装・琉髪」と題し、「冬は紺地の香りも床しい琉球絣、夏は蟬の羽のやうに軽いすがすがしい芭蕉を着けた沖縄の婦人たちの琉装と独特の琉髪、それに永遠に別れを告げる」として、翼賛会は女性の服装にきびしく監視の目を光らせて下部組織まで徹底した標準服着用の指導を行い、また那覇市では婦人会が標準服の街頭行進を行うなど、「街も村も標準服一色で塗り潰され、滅びゆく琉髪、琉装に惜しみなく訣別を告げている」と結んだ[25]。

そして、より強力に推し進められたのが日本語指導だった。時期は前後するが、一九三六年（昭和一一）の新聞によれば、標準語普及を徹底させるため、学校長を中心とした「標準語励行期成会」が設置され、「移植民並に県外出稼女工の言語作法常識教育を一層徹底」する、「本県出身の女工の多き地方に標準語励行指導員を設置する」「会話本を県にて編纂して移植民及女工等に配布する」など、細かな指導が行われることになった[26]。県当局は、「いつもはきはき標準語」「沖縄を明るく伸ばす標準語」をキャッチフレーズに「お母さん学級」を開設したり、地域によっては標準語を知らない高齢者のブラックリストを作成して学校教師による指導を行うなど、県民あげての取り組みとなった[27]。しかし、身分の高い首里、那覇の高齢女性は言葉にプライドがあり、ほとんど応じなかったそうだ。

こうした県の動きに、観光で沖縄に来た柳宗悦をリーダーとする日本民芸協会のメンバーから、「標準語を奨励してゐるようだが忌憚なく言へば行き過ぎではないか」と異論が唱えられた[28]。それに対して沖縄県学務部は「敢て県民に訴ふ　民芸運動に迷ふな」と、新聞にこれまでの「躍進的実績」を掲載し、「標準語奨励のお陰で蔑視と差別待遇から免れた」[29]と民芸協会の意見に猛反発したのである。新聞紙上では標準語奨励は行き過ぎとする日本民芸協会のメンバーと、それに反論する沖縄県・県民の論争が続いた。いわゆる「方言論争」だった。時は「紀元二六〇〇年」[30]の祝賀の年。沖縄人にとって、一一月の記念祭に向け、標準語奨励の挙県的運動をとおして、日本人化への意識啓発が進められている最中のことだった。

この頃になると男性たちの出征が相次ぎ、また女性たちの日本化に向けた組織活動が活発になったこともあり、さすがに表だった「モウ遊び」批判はなくなった[31]。そして沖縄的「陋習の打破」は、今度は沖縄人の衛生観念に及んだ。那覇市内では「はだし禁止令」が出されたことや、銭湯の設置、「豚便所」[32]の改善などが声高に求められたのである。しかし、一朝一夕芋を主食とする貧困ゆえの一般住民の生活習慣は、一朝一夕に変えられるはずがなかった。このような動きについて戸邉秀明は、軍事景気を背景に「植民地を視野に入れた観光産業の発展と、国家による健康増進・思想統制等の目標に後押しされた観光ブーム」があることを指摘する。(33) 観光客（日本民芸協会）にとっては「異郷性を残し、観光客の眼を喜ばす」沖縄が大事であり、風俗改良を進めてきた沖縄にとっては、来訪者に県民の後進性を見せたくないという思惑だ。

明治三〇年来、県当局や教育界から頭ごなしに押しつけられてきた風俗改良だったが、一部の〝問題点〟を残しながらも、「同化」政策は決戦下において、沖縄人自らが積極的に日本人としてのアイデンティティを確立するという「内なる日本化」をもたらし、少なくとも女学校生や女子青年団、婦人会などの組織活動に参加した女性たちの「日本人化」は結実したともいえる。それが後述する、〝貞操観の発露〟としての「集団自決」だったのである。

日本軍の駐屯と沖縄人観

一九四四年三月、沖縄に第三二軍が創設された。本土防衛のために沖縄近海を遊弋《ゆうよく》する米軍艦船を航空機で叩くことを使命として、前年から県内各地で飛行場建設が進められており、その航空基地の整備や補給などを目的としたものだった。しかし、資材不足と労力不足でまだ一個の飛行場も完成していないため、四月になって飛行場建設を目的とした部隊が次々と沖縄入りしてきた。彼らに対して司令官は「地方民衆ニ対シ横暴ナル振舞、特ニ強姦掠奪ノ所為ハ断シテナササルコト」「疲労ニ対スル慰安方法ヲ工夫スルコト」(34) を指示した。日本軍兵士らによる県民への強かん、略奪が危惧されたのだろう。

また伊江島でも前年から建設作業が行われていたが、東洋一といわれるほどの、一五〇〇メートルの滑走路三本という大がかりな飛行場建設のため、新たに飛行場設営隊の配備と大量の民間人労務者が動員されることになり、さらに五月から地元住民も徴用されて連日約六〇〇〇人の人海戦術による突貫工事が行われることになった。それこそ他地域同様、足腰立つ者すべてが駆り出されるという「根こそぎ動員」で、作業開始を前に伊江島飛行場設定隊長は次のような訓示を行った。

（前略）今回ハ特ニ勤労者ノ中ニ一部婦女子アリテ、直接之ト接シ作業ヲ実施スルコト多キヲ以テ、更ニ一層徳操ヲ堅メ断ジテ疚シキ行為アルベカラズ。重ネテ率直ニ云フ。一時ノ性欲ニ駆ラレテ一般婦女子ト性交ヲ交ヘ、或ハ之ニ性交ヲ迫ルトカ甚タシキハ之ヲ強姦スル等ハ、断ジテ之ヲ許サズ。断然厳重ニ処断スルヲ以テ本職ノ設備スル特殊慰安婦ノ外、厳ニ之ヲ慎ムベシ(35)

労力不足で女性も動員されることになったため、兵士たちに対し、女性との性交や強かんは処罰の対象になるので、これから設置する慰安所を利用するようにという内容だ。まもなく伊江島では日本軍によって慰安所が建築され、さらに民家が接収されて慰安所として改築された。「慰安婦」にされたのは、那覇の辻遊郭から送られた「ジュリ（尾類）」と言われる遊女たちだった。なお、慰安所については後述したい。

さて、四四年の夏にかけて、沖縄は飛行場建設ラッシュとなり、島全体が「不沈空母」と化していった。ところが七月、サイパン・テニアンが陥落したことで米軍の沖縄上陸が予想されたため、日本軍は沖縄を長期持久戦にむけた「全島要塞化」へと方針を変え、新たに「本土防衛の防波堤」として位置づけた。それによって、七月から九月にかけて第三二軍に編入された地上戦闘部隊が中国から続々と沖縄に移駐し、作戦方針の転換に伴って最高指揮官である司令官も交代することになった。新たに着任した牛島満中将は全軍の将兵に対して訓示を行うが、その中の一つ「防諜に厳に注意すべし」という県民へのスパイ嫌疑を前面に打ち出した。日本軍の「陣中日誌」にも、「管下ハ所謂デマ多キ土地柄ニシテ、又管下全般ニ亘リ軍機保護法ニ依ル特殊地域ト指定セラレアル等、防諜上極メテ警戒ヲ要スル地域ナルニ鑑ミ、軍自体、此ノ種違反者ヲ出サザル如ク万全ノ策ヲ講ゼラレ度」[36]と、沖縄全域がスパイ防止の「特殊地域」に指定されたことを記述している。県民に移民が多いこと、「事大思想」の持ち主であることなど、信用できないということが根底にあり、また「軍人軍属ヲ問ハズ標準語以外ノ使用ヲ禁ズ。沖縄語ヲ以テ談話シアル者ハ間諜トミナシ処分ス」[37]と、住民の方言使用を禁ずるという命令まで出された。

さて、六万七〇〇〇人もの日本軍将兵が沖縄に移駐したことで、民家の一部が彼らの宿泊所となり、軍民混在によってさまざまなトラブルが生じた。なかでも強かん事件の多発は、軍当局も頭を悩ませたようだ。中国の山西省と山東省で編成され、第三二軍の主要部隊として編入された第六二師団（石兵団）の「陣中日誌」には、繰り返される強かんに対し厳しい注意事項が記されている。移駐からひと月も経たない九月七日の「陣中日誌」には、沖縄人への不信感と女性に惑わされないよう注意を促す次の記述が見られる。

姦奪ハ軍人ノ威信ヲ失墜シ、民心離反、若クハ反軍思想誘発ノ有力ナル素因トナルハ、過去ノ苦キ経験ノ示ス所ナリ。殊ニ沖縄県人中ニハ他府県人ニ比シ、思想的ニ忘恩功利傾向大ナルモノ多ク、其ノ具体的表現ハ、中傷陣情投書等ヲ以テセラルヽガ故ニ、掠奪乃至強姦ノ域ニ達セズト雖モ、之ニ近似セル所為ノミニテ、軍ニ対スル反感ヲ醸成スルニ至ルベシ

且一部地域ニハ貞操観念弛緩シアル所アリ。之ガ誘惑ニ乗ゼラレ不知不識ノ間、猥褻・姦通・略取・誘拐・住居侵入等ノ犯罪ヲ犯スコトナカラシムルコト[38]

「過去ノ苦キ経験」とは、言うまでもなく、第六二師団の山西省における残虐行為のことである。この部隊所属の兵士

であった近藤一は、地元の人たちを「チャンコロ」（中国人の蔑称）と呼び、自らを含めて仲間たちによる残忍な行動を証言している。「女性を輪姦、強姦したあとにその女性の性器にいろんなものを突っ込んで殺す」、老人の「耳をそぎおとした」、憲兵隊による「水攻め、火あぶり、生爪剥がし、性器つぶしなど」、「チャンコロには何やってもいいんだ」という意識のもとで、人間としてやってはいけない極限までの蛮行を日本軍は繰り返していたという[39]。

こうした部隊の一員として一九四四年八月に沖縄に移駐してきた近藤は、沖縄県民について次のような意識をもったことを証言している。

住民の方言はよく分からないし、生活ぶりも、履物があるのに日常生活ははだしで、芋が主食だったり、豚をよく飼ったり、海水をニガリにして豆腐を作ったり、タピオカを食べたりするのを見て、日本人とは違うという印象を持ちました。特に、豚をトイレの中で飼って人糞を食わせるというのは中国でよく見てきましたから、自然と沖縄の人間は、「チャンコロ」系統ではないかという差別意識が生まれていったんだと思います。（中略）。沖縄の人々は開放的で、夕方になれば若者たちが集まって三味線を弾いて歌い踊りするのを、男女関係がふしだらな連中なのだろうと思ってしまったりする。既に上陸後間もなく、「中国の女は、結婚前は貞操観念が固く結婚すると緩くなるが、沖縄ではその反対だ（もしかしたら、逆だったかもしれませんが）」というような噂が、面白おかしく話されていました[40]。

日本軍指揮官にとって、強かんへの厳しい対処は女性への人権の配慮ではなく、もっぱら「軍の威信の失墜」を防ぐためだった。「モウ遊び」を理由に沖縄女性の「貞操観」を兵士たちはさげすみ、差別意識丸出しで女性たちを襲ったのである。

日本軍による慰安所の設置

移駐してきた将兵はまもなく、那覇市内の辻遊郭に押し寄せ、さまざまな問題を引き起こした。「石兵団会報」には、「最近将校ニシテ辻町ヲ酩酊徘徊スルモノ多シ殊ニ入口ノ扉等ヲ刀ニテ強打スル等軍ノ威信ヲ失墜スルガ如キ行為ヲナス者アリ厳ニ注意ノコト」[41]とか、また辻町を服装を乱して大声で歩行する者がいるなど、戒める訓示が多数見られる。

軍の「会報」のみならず、当時、警察部特高課から那覇警察署の監督警部に赴任したばかりの山川泰邦も、軍人たちの呆れるほどの行為について書き記している。遊女をめぐる軍人同士の撃ち合いや斬り合いが毎晩のように起き、刀をガチャつかせながら、登楼した沖縄人男性客を追い出すなどの騒ぎがあったという[42]。こうしたなかで、各部隊は競って慰安所を設置し、辻遊郭の女性たちを「慰安婦」として駆り出したが、すでに「慰安婦」にさせられた女性たちの苦痛が遊郭内に伝わり、芸妓、酌婦の廃業願いが那覇警察署に殺到することになったそうだ。石部隊の「会報」では、深夜慰安所で騒いだり、投石して暴行する者がいる、あるいは酔って女性の部屋に入り無理に強要するなど、女性たちが不快感を抱いたことが十分推察できる記述が列挙された。

慰安所が不足したことで、日本軍は沖縄県知事・泉守紀に対して慰安所の新設を要請するが、知事は「皇土の中に、そのような施設をつくることはできない。県はこの件については協力できかねる」「兵隊のために慰安所をつくれ、と無理難題を突きつけてくる。岡山や鹿児島に慰安所をつくれ、といえるだろうか」と、軍の申し入れを拒否した(43)。沖縄人や「慰安婦」をさげすむ日本軍の横暴ぶりに、知事は不快感を示していたのだ。

またある日、辻の事務所にやってきた日本軍副官は、「女を全部集めるように」と命じた。集まった遊女たちを前に「『こんかいの戦争は皇国の興廃と沖縄の運命をかけた戦いぢゃ。各自の持ち場でご奉公の誠をつくし、国民総動員で勝ち抜かなければならぬ。お前さんたちに鉄砲で戦えと言うのではない。慰安所で兵隊の志気を鼓舞し、勇躍出動するように激励してくれ』と切り口上でぶった」という。さらに軍が那覇警察署に「『病気、結婚その他やむを得ざる理由のほか、廃業まかりならぬ』と厳達」したため、結婚承諾書（ダミー）を入手することで廃業の理由をつくり、「慰安婦」を免れた遊女たちもいたようだ(44)。結果的に五〇〇人ほどの遊女が慰安所に送られた。

辻遊郭に数え四歳で売られ遊女として育てられた正子・ロビンズ・サマーズ（旧姓・新城《しんじょう》(45)）は、一六歳の夏、「すべての若い女性は第六二師団の部隊とともに行動すること」という命令を受ける。「悲しいことに、女性達は兵隊の求めに応じなければならなかった」と彼女はあきらめの境地を吐露している。連れて行かれたところは、浦添の慰安所だった。彼女は将校をもてなすという役割を担い、二部屋ある一軒家の一部屋を与えられた。他の遊女たちが、「慰安婦」として、毎日のように列を作って順番を待つ兵士たちの相手をする「地獄のような状態」であったのに対して、正子が優遇されたのは、彼女をかわいがる遊郭の先輩遊女が、六二師団の指揮官の「妾」として正子の隣の部屋で同棲同然に暮らしており、その指揮官の配慮によるものだった。その後、彼女たちは他の「慰安婦」たちとともに首里の第三二軍司令部壕に移り、さらに米軍上陸後、正子は日本軍とともに移動した沖縄本島南部の激戦地で九死に一生を得る。ちなみに指揮官と「妾」の遊女は、司令部壕、その後移動した戦場でも一緒で、戦後、正子と再会することはなかった。

正子の証言は、冒頭で述べた第三二軍司令部壕に「慰安婦」がいたことを否定した仲井眞知事の発言を覆すものだった。

同じ遊女で経営者の立場にあった上原栄子は、一九四四年一〇月一〇日の那覇大空襲で遊郭が焼失したため、日本軍将校たちと行動を共にしていた。やがて、十数人の遊女たちとともに「従軍看護婦」と命名され、給水部隊に送られるが、この場所には「〇〇部隊慰安所」という名前がつけられたという。(46)

日本軍は、慰安所利用の時間や価格を具体的に規定した。たとえば石兵団では、一時間あたり兵四円、下士官五円、将校六円、二三時以降翌朝まで将校一五円、佐官二〇円で、価格には一二割の税を含むことも付則されている。(47)また山部隊（第二四師団）の「軍人倶楽部ニ関スル規定」では、使用料金が四〇分あたり、将校三円、下士官二円五〇銭、兵二円と定められ、この部隊ではさらに使用時間として、兵一二時から一七時まで、下士官一七時から二〇時まで、将校二〇時から二四時までと限定している。(48)兵士の利用時間帯は休日でなければならず、そのために、慰安所は順番を待つ兵士たちが列をつくることになったのである。しかし、一人当たり一時間とか四〇分といっても、自分の背後で階級が上の兵士がいたり、列をつくっている兵士の数を考えるとそれどころではなかったようだ。ちなみに、この山部隊では「営業主ハ防諜ニ関シ其ノ責ニ任ズルモノトス」と、慰安所でのスパイ行為を営業主の責任のもとに注意するよう規定している

また、石兵団では、慰安所に送られた遊郭の女性への対応も注意事項として掲げた。抜粋する。

2　検黴ニ方リテハ、妓女ニ不快ノ感ヲ与フルガ如キコトナキコト。某兵団ニハ妓女ノ顔ト局部ヲミツ、為セルモノアリ

4　他兵団方面ニテハ国民学校児童ガノゾキ見風教上不可ナルモノアリ。ノゾケザル如ク施設セラレ度

5　風教上妓女ヲシテ付近ヲ猥リニ散策セシメザル如ク、村民ヨリ申出アリ。場所ニヨリテハ注意セラレ度

6　妓女等ガ那覇ニ時折帰リ度キ希望アリ。然ルトキハ便アラバ証明書ヲ委員ニ於テ発行シ、自動貨車等ヲ利用セシメラレ度。然ル時ハ助手台ニ乗セヌコト

7　妓女ハ煙草ニ苦シミアル旨申出アリ。出来得レバ便宜ヲ与ヘラレ度(49)

前述したように、辻遊郭の遊女たちが「慰安婦」としての苦痛を訴え、廃業する者まで出てきたために、慰安所不足に困惑する日本軍がとった〝善処策〟のつもりだったのだろう。

座間味島「集団自決」の背景

「慰安婦」は、慶良間《けらま》諸島の渡嘉敷島《とかしき》（渡嘉敷村）、座間味《ざまみ》島・阿嘉《あか》島（座間味村）にも連れて来られた。米軍が那覇を中心とした沖縄本島中南部に上陸するであろうと予測した第三二軍は、敵艦の背後から特攻艇を一斉に体当たりさせる作戦を打ち立て、那覇市の西二〇〜四〇キロメートル洋上に位置するこれらの島々に海上特攻基地を設営したのである。各島に、未成年で組織する特攻隊員一〇〇人余りと、特攻艇の

秘匿壕掘り、基地・陣地設営のための守備隊約九〇〇人がそれぞれの地に来島し、ほとんどが民家に宿泊することになった。島の人口を上回るほどの数だった。同時に、島は高度の秘密基地と化し、住民は日本軍の厳しい監視下におかれた。座間味島ではスパイ防止のためのマーク[50]が作られ、集落を歩行する際には子どもから年寄りまで、服に縫い付けること が義務づけられた。そして筆者の母を含めた女性たちの多くが、自家に宿泊する日本軍将兵の前では日本語を上手に使うよう努め、また挙措にも気遣いつつ日本人「女性らしさ」を体現した。

そんな慶良間諸島に、一九四四年一一月、将兵相手の朝鮮人「慰安婦」七人ずつが三つの島に連れて来られた。「朝鮮ピー」といわれた女性たちだった。その少し前、渡嘉敷の女子青年団は、慰安所設置反対を役員会で協議していた。「沖縄でも渡嘉敷というところは貞操を守るという観念には昔から伝統的に厳格で、風紀がすごくいいところなんです。……身を売るのは命より大事なものを売る、……そういう人たちを入れると風紀が紊乱してたいへんなことになる、渡嘉敷の女性が内地から来た兵隊に、もしそういう女と間違われたら困る」[51]ということだった。

渡嘉敷村、座間味村とも明治三十年代から鰹漁業が村の基幹産業となり、男たちが漁で留守の間、妻たちの品行を住民同士が監視したという話を、筆者自身高齢女性たちから聞いたことがある。また、鰹漁業は村経済に潤いをもたらし、女学校、中学校、師範学校など上級学校への進学率を高めた。沖縄本島へ渡り、皇民化・良妻賢母教育をしっかり身につけた教員として故郷に錦を飾った若者たちは、風俗改良を積極的に進めていった。そのため、慶良間諸島に「モウ遊び」はなく、「貞操観」を含め「日本人」としてのプライドを早い時期から持つ地域となった。

渡嘉敷の女性たちの反発に対して、赤松嘉次戦隊長が女子青年団長のもとへ出向き、「兵隊というのものは遊びに呼んでいるんではない。だいたい戦地は慰安所を置いている。慰安婦たちを置くということは、むしろ、あなた方の身を守るためなんだから了承して下さい」と、彼女たちを懇々と説得したという[52]。民間人が軍隊に反論できない時代、ましてや島では天皇に匹敵する存在の戦隊長が、わざわざ女子青年団長を訪ねて、「慰安婦」が地元女性を兵士の強かんから守る〝防波堤〟の役割を担っていると説明しなければならないほど、日本兵による強かん事件は深刻さを極めていたことが窺える。結果的に阻止運動は取りやめになり、渡嘉敷にやってきたペ・ポンギらは、慰安所として軍に接収された集落のはずれの大きな民家に入った。最年少一六歳から三〇歳までの女性たちで全員に源氏名がつけられ、地元の人は、毎日のように目を真っ赤に泣きはらした彼女たちに胸を痛めたという[53]。

座間味島、阿嘉島でも、それぞれ、七人の朝鮮人女性たちが、集落はずれの慰安所にされた二軒の民家に入れられた。兵士たちが列をなして順番待ちをするため、集落内では都合

図3　座間味島の「慰安婦」(我部政男提供)

が悪かったのだ。阿嘉島の慰安所は、三カ月後の部隊再編で軍とともに沖縄本島に渡ったためあまり情報は得られなかったが、座間味島では一人の「慰安婦」が六人のまとめ役として帳場を担当し、さらに彼女は梅澤裕戦隊長専属の「慰安婦」となった。梅澤は、「軍司令部は若い将兵を思ってか女傑の店主の引率する五《ママ》人の可憐な朝鮮慰安婦を送って来た。若い将校は始めて青春を知ったのだ」[54]と述べている。座間味島の女性たちは、兵士たちの休日には慰安所近くでの農耕は遠慮したという。兵士たちと顔を合わせて彼らにばつの悪い思いをさせては申し訳ないということだった。

同様に戦後四〇年ほど経って、渡嘉敷への慰安所設置を反対した元女子青年団長は、「女子青年は未婚の女子ばかりですから、男性がいかなるものか。排泄作用がなくちゃならんということが分からないもんですからね」[55]と回想している。同じ女性としての「慰安婦」の人権よりも、男性の性のはけ口としての「娼婦」を必要悪として女性たちが容認したのは、明治民法施行後の天皇を頂点とした家父長制によって培われた思想であった。

女性を〝淑女〟と〝娼婦〟に二分した家父長制は、前者を「良妻賢母」として夫の「家」を継承する家庭婦人に位置づけ、貧困家庭の犠牲となって身売りされた後者(沖縄では辻遊郭)の女性を遊興の対象として、あるいは沖縄の場合は男児を産まない妻の「代替妻」として利用してきた。それが戦時体制になると、〝淑女〟は「銃後の守り」となって夫の留守を預かり、〝娼婦〟は前線の男たちのセックスの相手として「慰安婦」を強要された。時に〝淑女〟たちは妻としての揺るぎない地位を誇りに思い、さびしく「アリラン」を歌う朝鮮人女性たちに憐憫の情を寄せもした。

日本軍駐屯以来、毎日のように軍・戦隊長からの動員命令で、慶良間諸島の住民は本部壕や特攻艇の秘匿壕掘り、陣地の構築などに従事した。それは日本軍の機密を知ることを意味し、日本軍は、住民が敵に捕まって機密事項が暴かれることを極度に恐れた。民家に宿泊を割り当てられた将兵たちは、住人に対して「敵に捕まると男は八つ裂きにされ、女は強かんされてから殺される」「朝鮮ピーのように敵の慰安婦にされる」などと住民に恐怖心を与え続け、米軍への投降の絶対禁止、捕まったときの「玉砕」を日常的に言い含めてきた。とりわけ女性たちへの「敵の慰安婦にされる」という将兵からの脅しは、休日の慰安所の前に長い列を作って順番待ちする兵士たちの光景を女性たちに見せるだけでも十分であった。

日本軍駐屯から半年余り経った一九四五年三月二三日、米軍による突然の空襲がはじまり、座間味島ではじめて住民の犠牲が出た。その日から防空壕生活に入るが、空襲は連日続き、二五日には艦砲射撃が加わった。島々は燃え上がり、撃ち込まれる艦砲弾で壕内は地震のように揺れ続けた。住民は恐怖心で、精神的に完全に打ちのめされていた。そんな状況の中で、座間味島では毎日のように軍・戦隊長の命令を住民に伝えてきた伝令から「玉砕命令が下った。忠魂碑前[56]に集合」と、各壕への呼びかけがもたらされた。しかし家族単位で集まっては来たものの、忠魂碑前では一人の兵士から「自分の壕で死ぬように」と手榴弾が配られ、照明弾の落下とともに集まった人たちは蜘蛛の子をちらすようにその場を離れた。自家の壕に戻ったのはわずかで、ほとんどが自分の家に宿泊する〝兵隊さん〟に殺してもらおうと日本軍の壕に行き、また村長ら役場職員の壕に押しかけた人たちもいた。男手のない女性たちは、自分と子どもを殺してくれる親戚の男性を探しまわった。しかし、近しい親族以外に手を貸す者はいなかった。翌二六日、突然上陸してきた米軍を目の当たりにした座間味島住民の「集団自決」が各防空壕で起こった。とくに女性たちがパニックになり、祖父、父、兄弟によって手が下された。カミソリ、ロープ、手榴弾、農薬などが使われた。

翌日、米軍は渡嘉敷島に上陸。二八日には日本軍によって集められた渡嘉敷島住民に手榴弾が配られ、次々に爆破されていった。死ねない者には親族の男性によって鍬やこん棒が振り下ろされた。

家父長制下では、夫は一家の主人として家族を統率し守るという権利・義務があり、妻には夫の「家」を継承するための「貞操」堅持が義務づけられた。強かんされようものなら自害しなければならないという封建遺制の〝ジェンダー規範〟があった。ましてや沖縄には、儒教思想をベースにした男系血族の長男による位牌・財産を継承する「門中《もんちゅう》制度」がある。さらに日本軍からは捕虜になるより「玉砕しろ」と命じられた。米軍の上陸で男たちは妻子、母、姉妹を守るため、敵に挑むつもりだった。しかし、予想以上の敵の数、身体的特徴の差異、武器を向けられた敗北感と恥辱、虚無感、絶望感等によって「男らしさ」を失ったとき、最も愛する者を〝守る〟手段として「集団自決」を選択した。村の三役、学校長、婦人会長、区長など座間味島の指導者は全滅。決行したのは、日本軍将兵の宿泊した集落住民で女性のいる家庭のみ、男手のある家族ほど犠牲は大きかった。亡くなった人の八三パーセントが、女性と一二歳以下の子どもで占められた[57]。日本国家による六〇年余りの植民地支配と、沖縄差別を底流に軍隊が駐留するゆえの、家父長制社会の総決算ともいえる惨劇であった。

おわりに

米軍は日本軍兵士同様、上陸とともに女性への強かんを繰り返した。三カ月に及ぶ日米の激戦が終わり、沖縄は米軍支配下に置かれた。新たな植民地政策のはじまりだった。止むことのない米兵犯罪に、沖縄知事は米軍専用の慰安所建設を提案しなければならないほど、占領者たちの横暴ぶりは深刻さを極めた。やがて、米軍基地周辺に「歓楽街」が設置され、戦争で一家の大黒柱を失った女性たちが、生活の糧を得るために性産業に従事していった。しかし、それでも強かん事件は止まなかった。沖縄人、女性を蔑視する米兵犯罪の本質的解決には至らなかったのだ。

米軍支配の二七年間、住民に人権はなく、戦前とはまた異なった苦痛を味わわされることになる。沖縄県民はアメリカの圧政に対して、「日本国憲法のもとへ」を合い言葉に、日本への復帰運動を展開した。一九七二年五月、日本への施政権返還は実現したものの、米軍基地の押しつけと、戦前と変わらない沖縄差別の構図が待ち受けていた。いや、むしろ日米両政府が束になって沖縄を支配するという、新たな植民地体制を迎えたのだ。

米兵による強かん事件が起きるたびに、米軍は「綱紀粛正、再発防止」と、常套句を繰り返してきた。しかし、それは空手形に過ぎず、日本の裁判権の放棄や日米地位協定の壁も立ちはだかって、泣き寝入りを強いられてきた被害者がどんなに多かったことか[58]。一九九五年の、米兵三人による少女への卑劣きわまりない事件に対する女性たちの抗議行動が、世論に米軍基地問題を人権問題として認識させるきっかけとなり、さらに敗戦時から今日に至る米兵の強かん事件を通して、日米両政府による植民地的沖縄人差別と、軍隊内部における構造的な問題が事件の背後に根深く横たわっていることを、女性たちは明らかにしてきた。

恒常化する米軍犯罪への日米両政府の県民不在の対応と、辺野古への新基地建設に怒る沖縄県民は、二〇一四年の名護市長選を皮切りに、県知事選、衆議院議員選、そして二〇一六年の沖縄県議選、参議院議員選と、ことごとく辺野古新基地建設の賛成派候補を退けてきた。しかし、沖縄選挙区の現職大臣が敗れた参院選投開票日の翌早朝から、安倍政権は東村高江に、住民の反対を押し切ってオスプレイのヘリパッド（着陸帯）建設に着手しだした。全国五都府県（東京・大阪・福岡・神奈川・千葉）から警備のために派遣された機動隊員は五〇〇人余り。県道を検問、封鎖し、非暴力で抗議する住民を力ずくで排除するという異常事態が続いてきた[59]。しかも、警備要員は機動隊のみならず、五月の米軍属の強かん・死体遺棄事件[60]を機に、政府が再発防止策として六月の参院選公示直前に発足させた「沖縄地域安全パトロール隊」[61]六〇人が、一月余りで本来の業務を離れ、ヘリパッド工事現場の警備にまわっていることが発覚した。

結局、米兵による性犯罪に対して、政府は何ら対策を講ずることができないまま、それどころか新基地建設を進めつつ、沖縄人女性を盾に、その背後で日本人の安全を守ろうとしているのである。なにゆえに沖縄人がこれほどまで日米による〝暴力〟の犠牲にならなければならないのだろうか。それは、日米の植民地支配がいまだ続いていることは言うまでもないが、むしろ、安倍政権を支え、沖縄の犠牲に高みの見物を決めこむ、いわゆるヤマトゥンチュ（ヤマト人＝日本人）の識見が問われていると言った方が良いのかも知れない。

注

（1）結果的には第三二軍の配備図と「慰安所マップ」が一つの地図にまとめられた。詳しくは、玉城福子「沖縄県平和祈念資料館展示改ざん事件の再考」（『女性・戦争・人権　第13号』所収）。

（2）『沖縄作戦講話録』五―七。

（3）民法の実施にあたって当時の新聞は、娘を排除し長男を絶対とする「門中制度」が習慣法ということで損害を被ることもあったが、「今や他府県と共に此新法典の実施を見る、是本県の為め、此上へもなき幸福と謂わざるを得ず」（『琉球新報』明治三一年七月一七日）と歓迎の文を寄せている。

（4）「ユタ」とは霊能者のことで、霊界と交信することができ、家庭に病人が出たり不幸があると、先祖の供養をしてもらうことで解決できると信じられている。医師の不在、社会不安や貧困が〝ユタ信仰〟に向かわせたことが考えられる。

（5）明治三二年に施行された法律だが、この慣習は昭和初期まで続いた（読谷村立歴史民俗資料館『沖縄の成女儀礼――沖縄本島針突調査報告書』読谷村教育委員会、一九八二年参照）。

（6）「琉球新報」明治三一年一〇月七日（沖縄県文化振興会公文書管理部史料編集室編『沖縄県史　資料編16（上）女性史新聞資料　明治編　女性史1』沖縄県教育委員会、二〇〇三、二七ページ）。濁点、句読点は筆者による。

（7）「明治四三年度　沖縄警備隊区徴募概況」（防衛省防衛研究所戦史研究センター蔵）。

（8）沖縄連隊区司令部『沖縄県の歴史的関係及人情風俗』大正一一年、三八～三九ページ。この文書は「沖縄県の歴史、人情、風俗を略述し、県出身兵卒教育の参考に資する目的」で編さんされたもので、「沖縄史の概要」と「人情風俗習慣及民度」の二章にまとめられた四四ページからなる小冊子である。表紙には「部外秘」の印が見られる。

（9）琉球王国時代以来、貧しい生活を送ってきた住民は、自然災害などで食べ物がないとき、猛毒（ホルマリン・サイカシン）を含み味もまずいソテツを毒抜きして飢えをしのいできたが、第一次世界大戦の戦後恐慌から世界大恐慌へと続く慢性的不況のなか、経済破綻した沖縄は食生活にも事欠き、毒が抜けきれぬまま食べて一家全滅したという窮迫状況を伝えた言葉。

（10）沖縄連隊区司令官 石井虎雄『極秘　沖縄防備対策』（昭和九年一月稿）。かがみ文を入れて四二ページから成る。意訳以外の引用は新漢字を用い、便宜的に句読点を付した。

（11）昭和九年一二月九日、新聞名不明（『清川安彦氏　新聞切り抜き　一九三四』所収。那覇市歴史博物館蔵）。このパンフレットは四章三〇ページの文章に、「昭和九年度徴兵検査成績表及び学力調査票」が付録として付いていることが、同新聞に記載されている。

（12）沖縄県議会事務局編『沖縄県議会史　第六巻　資料編3』沖縄県議会、一九八五、二一ページ。

（13）沖縄県議会事務局編、前掲書、二二ページ。

（14）一九三四年一〇月、かまぼこ売りの糸満の女性三人が夕暮れ時の帰宅途中、一人の女性が酔った男性に抱きつかれたため、女性を助けようと二人の女性が男性に暴力をふるったことでその男性は死んでしまった。罪に問われた彼女たちを助けようと、町をあげて「貞操擁護」「乳房を護った糸満娘」として減刑運動が展開され、執行猶予付きの刑が下された（昭和九年一〇月一五日、前掲『清川安彦氏　新聞切り抜き　一九三四』。司法省調査部『世態調査資料　第十八号』司法調査部、一九三九、一八ページ）。

（15）一八五四年にペリー提督の部下が起こした、那覇の女性への強かん事件（ボード事件）だが、被害女性が自殺したという記録はない。

（16）沖縄県議会事務局編、前掲書、一三ページ。

（17）昭和九年一二月一〇日、前掲『清川安彦氏　新聞切り抜き　一九三四』所収。

（18）当局の政策に抵抗する人々を共産主義者と決めつけ、「健全ナル修養団体ノ必要」性から設置したという（前掲『沖縄防備対策』）。

（19）金城芳子『なはをんな一代記』沖縄タイムス社、一九七七、七ページ。

（20）『ひめゆり同窓会名簿』ひめゆり同窓会、一九八一。

（21）『大阪朝日新聞』一九三五年七月一八日。筆者の母も、この年にカミから初枝に改名している。

（22）當山正堅編『新生活　創刊号』沖縄生活更新協会、一九三九、五ページ。

（23）前掲『新生活　創刊号』八ページ。

（24）「婦人標準服」は、和服型に近づいた洋服型（甲型）と洋服型を取り入れた和服型（乙型）からなり、甲型は一部式（ワンピース）と二部式（上下分離）の二種類で、さらに襟の形と裾に特徴をもたせた一号、二号があった。また乙型は下衣が巻き合わせ式（従来の日本服）の一号と、輪式になった二号の二種類があった（丸岡秀子編集・解説『日本婦人問題資料集成　第七巻　生活』ドメス出版、一九八〇、五三五〜五三六ページ、丸岡秀子・山口美代子編『日本婦人問題資料集成　第十巻　近代日本婦人問題年表』ドメス出版、一九八〇、二二〇ページ参照）。

（25）『大阪朝日新聞　鹿児島沖縄版』一九四三年八月二四日。

（26）昭和一一年八月一日、前掲『清川安彦氏　新聞切り抜き　一九三六』所収。

（27）『大阪朝日新聞』一九三九年八月二六日。

（28）『沖縄日報』一九四〇年一月八日。

（29）『琉球新報』一九四〇年一月八日。

（30）一九四〇年が神武天皇即位以来二六〇〇年目にあたるとして、全国で奉祝会などの祝賀行事が催され、国民に天皇への忠誠や国威発揚、戦争完遂への気運を盛り上げさせた。

（31）一九四四年に沖縄本島中部に駐屯した元日本兵・近藤一は、後述するように、当時、「モウ遊び」をしている若い男女をみて「ふしだらな連中」と思ったと証言している。

（32）「豚便所」とは、人間の排泄物が豚のエサ箱に入るように豚小屋とトイレが一つになった構造で、分離改築のために一部補助金が出されたが、その後も残り続けた。

(33) 戸邉秀明「沖縄　屈折する自立」（『岩波講座　近代日本の文化史8　感情・記憶・戦争』岩波書店、二〇〇二、二八八～二九〇ページ）。
(34)「自昭和十九年四月二日至昭和十九年四月三十日　陣中日誌（第一号）第十九航空地区司令部」（沖縄県教育庁文化財課史料編集班『沖縄県史　資料編23　沖縄戦日本軍史料』沖縄県教育委員会、二〇一二、七七七ページ）。
(35)「自昭和十九年五月一日至昭和十九年五月三十一日　陣中日誌（第弐号）第五十飛行場大隊　昭和十九年五月七日　伊江島飛行場設定隊長　田村眞三郎」（同上、七七七ページ。旧漢字を新漢字に改め、便宜的に句読点を付した）。
(36)「第四九号　石兵団会報　九月七日　一〇〇〇　仲間」（「昭和十九年度　石兵団会報綴　球一五五七六部隊」より。旧漢字を新漢字に改め、便宜的に句読点を付した）。
(37) 大城将保編・解説『沖縄秘密戦に関する資料』不二出版、一九八七、五ページ。
(38) 同上。
(39) 内海愛子・石田米子・加藤修弘編『ある日本兵の二つの戦場——近藤一の終わらない戦争』社会評論社、二〇〇五、八四～八五ページ。
(40) 同上、九六ページ。
(41)「第六二号　石兵団会報　九月二十八日　一六〇〇　浦添国民学校」、旧漢字を新漢字に改めた。
(42) 山川泰邦「従軍慰安婦狩り出しの裏話」（『沖縄エッセイストクラブ作品集　群星』沖縄エッセイストクラブ、一九八四、二三〇ページ）。娼婦など、多くの女性が借金に縛られており、廃業できるのは借金のない女性たちだった。
(43) 野里洋『汚名　第二十六代沖縄県知事　泉守紀』講談社、一九九三、九一～九三ページ。軍に非協力とみなされた泉知事は、沖縄戦直前の一九四五年一月、香川県知事として転任させられるが、沖縄県民からは「裏切り者」よばわりされた。
(44) 山川泰邦、同上、二三一～二三二ページ。
(45) 正子・ロビンズ・サマーズは戦後、沖縄駐留の米軍人と結婚し、アリゾナ州で暮らした。二〇一五年に英文で自伝（Masako Shinjo Summers Robbins, "My Story: A Daughter Recalls the Battle of Okinawa", The Asia-Pacific Journal: Japan Focus, February 23, 2015）をまとめており、その翻訳原稿を使用して本稿で紹介した。今年（二〇一六年）九月に死去。
(46) 上原栄子『新篇　辻の花』時事通信出版局、二〇一〇、一二九ページ。その後の「慰安婦」の動きについての記述はない。
(47)「第五四号　石兵団会報　九月十四日　一八〇〇　仲間」。その後、価格の変更もあった。
(48)「昭和十九年十二月　内務規定　山第三四七五部隊」。
(49)「第五八号　石兵団会報　九月二二日　一〇〇〇　仲間」旧漢字を新漢字に改め、便宜的に句読点を付した。
(50) 縦二・五センチ、横三センチほどの芋版で作った日の出マークに、座間味島の「サ」をあしらったものだが、軍がチェックしたという証言はない。しかし、軍に監視されているという自制心が働いたことは考えられる。
(51) 川田文子『赤瓦の家——朝鮮から来た従軍慰安婦』筑摩書房、一九八七、五九ページ。
(52) 同上、六〇ページ。
(53)『軍隊は女性を守らない——沖縄の日本軍慰安所と米軍の性暴力』アクティブ・ミュージアム「女たちの戦争と平和資料館」

（ｗａｍ）、二〇一二、二一ページ。
(54) 梅澤裕「手記『戦斗記録』」（『沖縄史料編集所紀要　第十一号』沖縄県沖縄史料編集所、一九八六、四〇ページ）。
(55) 同上、五九ページ。
(56) 忠魂碑は、一九四〇年（昭和一五）の「紀元二六〇〇年奉祝」を記念して、翌年、青年団、在郷軍人会によって建立された。靖国神社に直結すると信じられ、一九四二年一月以来、毎月八日の「大詔奉戴日」には、戦意高揚の儀式が行われた。
(57) 宮城晴美『新版　母の遺したもの　沖縄・座間味島「集団自決」の新しい事実』高文研、二〇〇八、二七ページ。
(58) 基地・軍隊を許さない行動する女たちの会編『沖縄・米兵による女性への性犯罪（一九四五年四月～二〇一六年五月）第12版』基地・軍隊を許さない行動する女たちの会、二〇一六。
(59) 翁長雄志沖縄県知事は「参院選が終わった数時間後に資機材を運んだり、５００人とも８００人ともいわれる機動隊の数は過剰な警備であることは間違いない」（「沖縄タイムス」二〇一六年八月二六日）と警備のあり方を批判している。
(60) 二〇一六年五月中旬、沖縄本島中部の米軍基地近くの雑木林で、女性の遺体が発見された。三週間ほど前、ウォーキングに出かけたまま行方不明になっていた、二〇歳の女性の公開捜査が行われている最中のことだった。元米海兵隊員で嘉手納基地勤務の軍属による死体遺棄事件で、容疑者は強かんしたことは供述したものの、女性の殺人については黙秘を続けている。
(61) 防衛省と地方防衛局から派遣された職員が青色回転灯の乗用車に乗り、那覇市内や沖縄本島中部の繁華街をパトロールすることを目的とした、政府肝いりの施策だった。

参考文献

沖縄県文化振興会公文書管理部史料編集室『沖縄県史ビジュアル版５　空から見た沖縄戦』沖縄県教育委員会、二〇〇〇。

林博史『沖縄戦と民衆』大月書店、二〇〇一。

金城正篤・上原兼善・秋山勝・仲地哲夫・大城将保『沖縄県の百年』山川出版社、二〇〇五。

若桑みどり『戦争とジェンダー』大月書店、二〇〇五。

●論文

〈「慰安婦」問題〉とマンガ

——小林よしのり『新・ゴーマニズム宣言』のメディア社会学

倉橋 耕平

1 はじめに

二〇一五年一二月二八日、韓国政府と日本政府は「最終的かつ不可逆的に解決されることを確認する」という形で解決策について外交上合意に至った。しかし、それは被害者が求めてきた「真相究明」「日本政府への法的責任と謝罪の要求」「正しい歴史教育」そして「尊厳回復」といった呼びかけへの応答とは異なる。なおかつ、「解決」どころか「慰安婦」の記述は歴史教科書から消されたままであり、今後国際政治の場で言及することを規制し、「慰安婦」像の撤去を求める意向である以上、人びとの記憶から「慰安婦」を抹消する歴史修正主義に他ならない。そうした「解決」である以上、〈「慰安婦」問題〉は終結しておらず、いまだ最新の政治課題であると言ってよい。

他にも記憶に新しいところでは、『朝日新聞』が二〇一四年八月五日、六日（いずれも朝刊）に〈「慰安婦」問題〉に関わる自社報道を検証する記事を掲載した[1]。そしてそれをめぐり「保守・右派」メディアによる〈「慰安婦」問題〉否定のキャンペーンが大々的に行われた。これまで〈「慰安婦」問題〉とメディアの関係は数多く注目を浴びてきた話題である。初期報道における「強制連行」イメージの形成（九一～九三年）、教科書掲載問題（九六～九八年）、ＮＨＫ番組改変事件（〇一～〇八年）、性奴隷 sex slave という呼称の使用[2]など、メディア上で言説の主導権争いが行われてきた。にもかかわらず、メディアの分析は決して多くない。

これまでの〈「慰安婦」問題〉とメディアをめぐる言及は、「何が語られたか」という点に着目した政治言説研究（とそれへの対抗言説）であったと言ってよい。しかし「どこで、いかにして語られたか」という観点が見過ごされてきた。すなわち、ある特定の言説がいかなる社会制度を利用して自らを社会に定着させていったのか、言説の存在様式であるメディアの媒介作用への検討が抜け落ちている。〈「慰安婦」問題〉においてこうした視座が重要なのは、事実認識が間違っていると指摘されているにもかかわらず、「歴史修正主義」（ここでは便宜的に「新しい歴史教科書をつくる会」や各種議連など〈「慰安婦」問題〉に否定的な立場の総称として使う）の言説が論争を呼び、流通していったからである。

では、〈「慰安婦」問題〉の存在を否定する言論は、メディア上でどのように展開されたのか。この間、言説形成の場としてインターネットなどのサブカルチャーが重要性を増した。樋口直人は現在の日本の右派運動が、マンガやウェブのサブカルチャーを動員の言説資源としていることを指摘している。その発端は、一九九〇年代に小林よしのりが〈「慰安婦」問題〉をマンガで取り上げ、その後『戦争論』で国家の歴史を扱ったことにある。それらが現在の右派運動とも接続している（樋口二〇一四：六七、一四八—一四九）[3]。とするのならば、現在の「右派」「保守」「排外主義」と名指される言説を検討するためにも、〈「慰安婦」問題〉を否定する言説の流通・媒介過程を明らかにすることは喫緊の課題であろう。

この課題を達成するために、本稿では分析対象として、小林よしのりの『新・ゴーマニズム宣言』（小学館、以下『新ゴー宣』）を扱う。これを対象とする理由は、第一にマスメディアと学術文献中心で議論が展開された〈「慰安婦」問題〉の中で、「雑誌」「マンガ」というメディア形式（言説の媒介方法）は最も異端といえる点。第二に、後に小林はフランスの『ル・モンド』でも"Yoshinori Kobayashi, auteur et héros de mangas révisionnistes"〈小林よしのり、歴史修正主義マンガの作者であり、ヒーロー〉（一九九八年一月三一日）と扱われるほど、日本の歴史修正主義の活動と連動したなかで〈「慰安婦」問題〉を描いた初期のサブカルチャーであること。第三に、同作品のロジックは、現在「歴史認識」を盾に〈「慰安婦」問題〉を否定する保守知識人／政治家のロジックとほぼ重なっている点[4]。それは次のようにまとめられる。すなわち、「慰安婦」はいた、けれども「慰安婦」は商行為である、官憲による強制連行を示す公的資料・公式文書はない（ゆえに自由意志だ）、ゆえに〈「慰安婦」問題〉は存在しない（反日勢力のねつ造だ）、かつ戦前・戦中の世界の国々に公娼制度はあり、戦地での慰安所設置に問題はなかった、かつこれらに逸脱した強制連行の例は、その一兵士の逸脱行動でありすでに罰せられている、と。以上三点から、〈「慰安婦」問題〉を否定する典型的な言説のなかで最も注目された作品の一つとして、小林の『新ゴー宣』を扱う。

これらに対して先行研究では扱われてこなかったアプローチから検討を加える。すなわち、作品の情報内容だけではなく、その作品が置かれている流通制度や媒体の持つ特性などを検討するために調査から得られた資料を用いて検討を行っていく。こうした言説の社会編成を問う研究手法は、レジス・ドブレの言葉に倣えば「メディオロジー（＝高度な社会的機能を伝達作用の技術的構造とのかかわりにおいて扱う学問）」と呼べるだろう。[5]

本稿の目標設定は、こうした視座から受容のあり方や作品の持つ社会的意味を捉えることである。そして、そのような言説の文化編成を問うことによって、現在の〈「慰安婦」問題〉を否定する言説が流通していった言説空間の状態を解明できるのではないか。

以上の問い・枠組み・対象に対して、第2節で小林の作品が登場した経緯を簡単に確認し、先行研究の問題点と本稿で扱う議論のアプローチを整理する。そして、第3節で前節から導きだされた課題にたいしてメディア論のアプローチから分析を行い、同作品がどのような言説空間を形成したかを、当時の連載雑誌などを資料として検討する。その結果、①言説の顕在化のメカニズムと、②同作品が読者投稿をツールとして「民主的な議論」がなされているかのような仕組みを保持していたことを明らかにする。

2 先行研究の検討と問題の所在

2・1 『新・ゴーマニズム宣言』が〈「慰安婦」問題〉を扱った社会文脈

小林よしのりの『ゴーマニズム宣言』シリーズは、雑誌『SPA!』（扶桑社）で一九九二年一月二二日号より連載していた。その後一九九五年二月二七日号の隔週刊『SAPIO』（小学館）へと移籍し、「新・ゴーマニズム宣言」として連載が再開された。そして、連載後単行本化、文庫本化されている。小林は同シリーズの作品で「社会問題」を取り上げ、テレビなどにも言論人として盛んに登場することとなった。

〈「慰安婦」問題〉が初めて扱われるのは、『SAPIO』一九九六年八月二八日・九月四日号（vol.8 no.15）であった。この時期の同誌は、公称二〇万部の雑誌であり、後のＡＢＣ協会調べが入ったあとでは、一一～一二万部を発行していたことがわかる（『雑誌新聞総かたろぐ』一九九六年度版～二〇〇一年度版）。同作品は移籍直後こそ大きく扱われるが、雑誌の六〇頁以降（全体の三分の二以降）に常時掲載されていた連載マンガである。

では、どのような社会文脈の中で〈「慰安婦」問題〉は『新ゴー宣』に連載されたのか。その点を簡単に振り返っておく。当時の国内運動はこの時期までに、朝鮮、フィリピン、オランダ、中国の「慰安婦」への謝罪や補償を求める国内裁判が継続的に行われていた。それらの裁判の多くでは、被害の事実認定が行われ、かつ差別思想に基づく国際法違反に言及され、日本政府の法的責任が追及されてきた。しかし、いずれも棄却されていた。

また、同問題をめぐる国内の動きは、一九九三年に第二次政府調査結果とともにいわゆる「河野談話」が発表され、村山富市内閣のもとで構想された「女性のためのアジア平和国民基金」が一九九五年に設立された時期であった。他方国外では、九三年ウィーン世界人権会議以降、「性奴隷制」として国際的に検討され始めた日本の戦時性暴力は、一九九六年二月にクマラスワミ報告（「女性への暴力に関する特別報告」E/CN.4/1996/53）において日本政府への勧告という形で国際社会から批判を浴びた。

そうした経緯のなかで、日本政府の足並みはそろっていなかった。政府見解を覆す政治家の発言が相次ぎ、韓国からは「妄言」と批判された。そうしたなかで、自民党の奥野誠亮は、一九九六年六月四日に「従軍慰安婦は商行為」「強制ではなかった」と発言。当時奥野は「明るい日本・国会議員連盟」会長であった。この発言直後の六月七日に中学校教科書の検定結果が発表され、すべての歴史教科書に「慰安婦」に関する記述が盛り込まれた。それ以降、同連盟や「新しい歴史教科書をつくる会」などの動きが活発になった経緯がある。

こうした文脈の中で登場する自由主義史観派や小林たちの動きは、決して新しいものではない。また、その歴史認識が学術的に正しいという評価もない。にもかかわらず、なぜここまで注目を浴びることになったのか。それには社会状況をめぐるより大きな背景がある。

日本における近隣諸国との歴史認識問題は、一九八〇年代をひとつの転換点としている。家永三郎の教科書裁判が継続されていた折、一九八二年に文部省が教科書の「侵略」を「進出」と書き換えさせたという「誤報」が中韓両国の批判を浴びることになった。

「日本を守る国民会議」は、教科書への批判を不当な干渉と捉えた。と同時に、「政府の責任において是正する」という政府の姿勢にも強く反発していた。それによって「教科書問題懇話会」を開催し、独自の教科書作りに着手する。そして、一九八五年に原書房を通じて『新編日本史』の検定申請がなされるが、多くの修正を余儀なくされた。翌年出版されるも教育現場ではごくわずかしか採用されず、事実上消滅していった。だが、これをきっかけに「右翼教科書」として韓国や中国から批判を浴びる。

重要なのは、こうした過激な民間の思想に対して、文部省が抑制をかけるという図式にある。当時の日本の教科書は大陸侵略への記述を増やしていった時期であり、むしろ教科書の記述は日中韓で乖離が若干でも小さくなりつつあった時期だった（木村二〇一四：八七）。

この背景には、端的に言って、冷戦体制の崩壊、グローバリゼーション、国内エリート政治の終焉、ポストコロニアル状況が関わっていると言える。木村幹によれば、『新編日本史』をめぐる問題に見られたように、「当時の日本政府の基本的な方針は、冷戦下の時代状況の中、同じ自由主義陣営に属する韓国や、共通の敵であるソ連を抱える提携相手として中国との間の歴史認識問題の激化を極力抑制し、コントロールすることだった」（木村二〇一四：一三九）。それゆえ中曽根康弘は、超法規的措置で検定後の『新編日本史』に修正指示を出すことになる（永原二〇〇一：七五）。

しかし、〈「慰安婦」問題〉はこうした各国の統治者間の交渉と国内世論の抑制を保持する図式に風穴をあけることとなった。韓国や日本の女性運動は、加害国（日本政府）だけでなく、その加害国統治者と癒着する韓国の軍事政権を批判し、さらには両社会の男性中心主義と「キーセン観光」のような資本による再植民地化として捉えられた行為に対しても批判を向けた。

このように批判されるなかで日韓のエリート統治政治は急速に力を失っていく。これは政治家の「妄言」「失言」問題とつながってくる。自民党の敗北、連立政権の樹立とその崩壊の混乱のなかで成立した自民党と社会党とさきがけの三党連立政権の村山富市内閣においては、村山が歴史認識問題を統制する発言を積極的に行う一方、政治基盤が共有できず、いっそう抑制が効かなくなっていった（中野二〇一五：一〇六―一〇七）。

日本の政治文脈において、「新しい歴史教科書をつくる会」などの歴史認識を問いなおす動きが注目と批判を浴びるのは、こうした過激な民間の運動を抑制する政治的な力が弱まっていったなかで起こった「バックラッシュ」だったからといえる。そして、それらが後に政治エリート主導で組織化され、現在の歴史修正主義的、復古主義的国家主義へと接続していった（中野二〇一五：一〇八）。

2・2　先行研究の検討と問題の所在

『新ゴー宣』はこのような社会状況の中で〈「慰安婦」問題〉を扱ったことになる。以下では、先行研究とその問題の所在を検討しよう。

『ゴーマニズム宣言』シリーズを扱った先行研究や批評は決して少なくはない[6]。とりわけ、小林の漫画家としての資質、部落差別問題、オウム真理教事件、薬害エイズ事件、『戦争論』に関わる批評は数多くある。しかし、〈「慰安婦」問題〉に限ると非常に少ない。

〈「慰安婦」問題〉を扱う『新ゴー宣』に直接的に言及している先行研究には以下の三つがある。A．内容への批判（上杉一九九七）、B．表現技法の分析（モーリス－スズキ2004＝二〇〇四、澤野一九九七）、C．読者受容の分析（若桑一九九八→一九九九、浅野一九九七）である。

A．内容への批判：「慰安婦」問題に関わる記述・論理の誤謬への批判

上杉聰（一九九七）は、『新ゴー宣』の記述にたいして、作品の図像を引用しながら詳細に批判した唯一の先行研究である。上杉の指摘は、①被害者証言に基づいていないことへの批判、資料のみで強制連行説を否定するロジックへの批判（同前二六―二九）、②自身や仲間の姿を都合良く見せる演出への批判（同前三一）、③吉田清治証言を叩くことで強制連行説を「論破」したかのように見せかけることへの批判（同

前 二三二）、④「強制連行」の有無に問題を矮小化することへの批判と「強制性」の妥当性主張（同前 三七―四二）、⑤「慰安所」＝「商行為」と位置づけることへの批判（同前 四七―五〇、五五―六四）、⑥文献の恣意的引用（と不都合な箇所の意図的隠蔽）への批判（同前 六四―六九）、⑦登場人物の発言の歪曲（同前 八二―八三、九四―九五）の七点に要約できる。

これら上杉が重視する「被害者証言の尊重」「構造的な問題への視座」「（いわゆる狭義の）強制連行ではなく当人の自由意志を奪う強制性を問題視する視座」「慰安所がすべて商行為であるわけではない」といったこれらの主張は、〈「慰安婦」問題〉の解決を目指す立場の用いる主張を踏襲したものと言える。[7]

これに対して、小林も再反論として、「広義の強制性」を『人狩り強制連行』の証拠がなかったために出てきた…／日本国内向けのすりかえ理論にすぎないのだ！」（第五五章）[8]と述べ、そして③に関連して上杉が過去に吉田清治を講演会に呼んだ過去を暴露する形の批判をしている。しかし、上記③と④への批判は確認されるが、他の論点は無視され、議論は噛み合っていない。すなわち、小林の主張が①⑤⑥といった論点を無視することで③④に関する主張（吉田証言批判、強制連行はなかった）を成立させている（矮小化する仕方）と批判的に指摘する上杉の議論とは齟齬があり、議論は平行線をたどっている。

B．表現技法の分析：マンガが与えるインパクトに関する表象分析

テッサ・モーリス－スズキ（2004＝二〇〇四）は、マンガ表現に対して文字による批判の効果の限定性を指摘する。モーリス－スズキは、小林のマンガは「おびただしい数の誤り、脱落、歪曲を含む」が、「（引用者注：学者による小林への）批判じたいが、漫画というメディアで歴史を論じることの根本的ジレンマを明らかにした。小林よしのりのテクストをアカデミックな論文や雑誌媒体が言葉で批判する場合、その主張がどんなに妥当であっても、漫画が読者の想像力に与えるインパクトを弱める効力は限定的でしかないようだ」と指摘する（モーリス－スズキ 2004＝二〇〇四：二一六―二一七）。それゆえ、モーリス－スズキの分析は「漫画が読者の想像力に与えるインパクト」に向けられ、絵と言葉の結びつきが検討される。例えば、良い顔の「われわれ」と悪い顔にデフォルメされた「彼ら」を露骨に描くことが、旧日本軍・ソ連軍のプロパガンダテクニックに酷似していること、またそれらのプロパガンダ手法が画にまつわる記憶もそのまま表象されることに言及する（同前 二二七、二三〇）[9]。

同様に、澤野雅樹も「マンガという形式を使用している不信感」を感じ、そしてマンガという表現形式を「政治的プロパガンダに利用すること」を批判している（澤野 一九九七：九一）。

C．読者受容の分析：読者は『ゴー宣』をどう読んだのか

他方、若桑みどり（一九九八→一九九九）は、当時の読者が小林のどこに惹かれるのか、大学生はどのように読んだのかを分析している。『ゴー宣』の「作家‐読者」の関係には、読者が小林を「先生」と仰ぎ、『ゴー宣』を「思想書」と賛美している状況があり、読者の手紙が（取捨選択を経て）『ゴーマニスト大パーティー』（第3節で詳述）という書籍に掲載されることで、小林自身が言うように「『ゴー宣』が彼らの癒しになっている」と分析する（同前 一五〇）。同様の感覚は、浅野健一によっても言語化されており、学内の研究会の学生の論文に『ゴー宣』『新ゴー宣』が参考文献にされるものもあったことが指摘されている（浅野 一九九七：一〇〇—一〇二）。しかし、同時に若桑の教え子らは同作品を読んで影響もされるが、〈「慰安婦」問題〉の記述には史料批判がないことなど小林の誤謬・誇張に気がつくと述べている（同前 一五二—一五三）。

以上のように先行研究を概観できるわけだが、先行研究ABCが看過している視点がある。第一に、先行研究ABCは大きく括れば、すべて作品の「中身」に関する研究だと言える。Aは内容の検討、Bは内容を伝える方法やその効果の検討、Cは内容の受容の検討である、と言える。これは内容（中身）の検討であって、「メディア」としての『新ゴー宣』がどのようなものであったのかという点について言及がなされていない。

第二に、こうした作品のメディアという視座を看過すれば、上杉、若桑、モーリス‐スズキのように「マンガ」という表現の優秀性（マンガは言葉以上にものを伝える、マンガの影響力は凄まじいといった視点）だけが注目されてしまう（上杉 一九九七：一五、若桑 一九九八→一九九九：一三八、モーリス‐スズキ 2004＝二〇〇四：二二六—二二七）。それは言説内容の純粋性と表現方法の純粋性が強調された視点と言えるだろう。言い換えれば、言説やその表現の存在様式である「メディア」がどのような社会制度のなかで支えられ、その言説をいかにして世に存在せしめているか、という点への指摘が弱い。

もちろんこれら先行研究がこうした点に完全に無関心なわけではない。モーリス‐スズキは、表現と同時に小林が「マーケティング・テクニック」を巧みに使い、マンガを含む大衆文化市場の本質がマンガの作るイメージに対抗する方法を模索するうえで困難を生じさせると指摘している（モーリス‐スズキ 2004＝二〇〇四：二三九、二四一）。しかし、その内実は検討されてこなかった。

こうした観点に対して、示唆的な言及が二つある。小林作品の〈「慰安婦」問題〉や歴史認識問題に焦点化しているわけではないが、瓜生吉則は「これはマンガか」という問いを投げかけている。すなわち、『ゴー宣』にはマンガの表現と

同時に夥しい量の活字がならび、作品のマンガとしての「表現」と同時にその「意見」もまた読まれる現実があり、「マンガの境界線」であることが問題となる（瓜生 二〇〇一：二二一―二三三、二三九）。そして、瓜生は『ゴー宣』が「商業出版としてウケている」ことを前提に「作者‐読者共同体」が形成されていることを指摘している（同前 二三四―二三七）。

瓜生が「マンガの境界線」として位置付けるのに対して、大塚英志は「まんが」だと喝破する。「小林よしのりが語っているのは言論ではなく、サブカルとしてのまんがである。誰もがこの一点を見落としている。小林はただ、まんがを描いている。エイズもオウムも教科書もその素材だ。何故、ジャーナリズムも保守も自ら進んで『まんが』の中に駆け込んでいってしまったのか」（大塚 一九九八：二一八―二一九）と述べている。

要するに、瓜生はマンガという商業出版であるにもかかわらず、「意見」が読まれるその境界性に着目をしており、他方大塚は小林が「意見」として読まれる現状を批判して、結局小林はフィクションでもなんでもありのマンガを描いているだけで、そうしたものと言論界が節合してしまう現状の危険さを繰り返し主張している[10]。これらの指摘の重要な点は「マンガ」かどうかという表現の本質ではない。瓜生や大塚の指摘は、その内容・中身以上に『新ゴー宣』という作品が置かれている社会的意味に向けられ、作品を支えるメディアの社会的位置付けに関心を寄せていると言える。

とするならば、検討されるべきことは、言論・言説の存在様式＝メディアを支える社会的編成のあり方ではないか。すなわち、『新ゴー宣』は、どのようなメディア「形式」／「制度」の下にあったのか。どのように言説空間（受容の土壌や正当性の磁場）を形成したか。

3 〈「慰安婦」問題〉を否定する保守言説の構築とそのメディア特性

3・1 雑誌媒体における『新ゴー宣』の位置づけ

では、〈「慰安婦」問題〉連載時の『新ゴー宣』はどのようなものであったか。

『新ゴー宣』は〈「慰安婦」問題〉を扱うと反響を呼び、一〇月九日号（vol.8 no.17）では連載移籍時以来初めて表紙に「小林よしのり、ゴーマン第2弾！『従軍慰安婦』大論争」と見出しを掲載した。一一月一三日号（vol.8 no.19）では「『新・ゴーマニズム宣言』小林よしのりこんどは慰安婦TV番組を斬る」と『SAPIO』のタイトルロゴの上に小林の写真付きで見出しを書き、雑誌の目玉コンテンツとして注目させている。さらには一二月二五日号（vol.8 no.22）の「新しい歴史教科書をつくる会」発足記者会見の写真は、西尾幹二でも藤岡信勝でもなく、小林を起用している点に同誌にとって小林が重要な書き手であることが窺い知れる。

では、この連載の前後のこの雑誌の性格はどのようなものであったのか。まず確認されるのは、『新ゴー宣』連載開始当初は雑誌自体も露骨に歴史問題・戦争問題は扱っていないことである。〈「慰安婦」問題〉を扱う前後の『SAPIO』の「特集」の論調は、「チャイニーズ・プロパガンダ」（三月二七日号〔vol.8 no.5〕）、「五輪ナショナリズムでますます燃え上がる民族間の近親憎悪　『反日嫌韓』病根はここだ大論争」（八月七日号〔vol.8 no.14〕）など反アジア説、アジア陰謀説、嫌韓言説などが登場する。これらは他の保守論壇誌（『正論』『諸君！』）とも類似した編成である（樋口 二〇一四：一五〇—一五八）。しかしながら、一九九六年六月一二日号でも、「激論3時間！『反日嫌韓』のルーツを洗い直す　◎井沢元彦vs李慶載」という対談では、竹島・独島領有権問題再燃と歴史認識のズレは議論されるものの、「慰安婦」は出てこない。

だが、八月七日号では、「嫌韓」記事と同時に、「奥野誠亮元法相『それでも私は言う！』慰安婦も創氏改名も話が違う」という記事が組まれている。この辺りから、論調が変化していく。同誌は、『新ゴー宣』が〈「慰安婦」問題〉を書き始めると、その内容を後押しする複数の記事を組み始める。

ここで、同誌は自由主義史観派の藤岡信勝を起用して積極的に〈「慰安婦」問題〉の「ウソ」を批判する記事を生産していくことになる（「藤岡信勝・東大教授　教科書の『従軍慰安婦』記述で真情吐露」（一〇月九日号〔vol.8 no.17〕）、「『アジアの慰安婦』問題の虚構を現地取材からあぶりだす」（一一月一一日号〔vol.8 no.21〕）。

以上のように、雑誌における特集の動向と照らし合わせてみると、雑誌の方向性と『新ゴー宣』がとった方向性は重なっているように思われる。さらには、藤岡らの主張と小林の主張の近似性、そして「新しい歴史教科書をつくる会」の立ち上げに小林が合流していく後の経緯を鑑みれば、『ル・モンド』のように小林が自由主義史観派の最大の「成功者」となったという考えが単純に支持されそうである。

しかし、そう単純でもない。というのも、『新ゴー宣』の単行本の「ヒット」の前後を検討すると異なる様相が見えてくるからである。『出版月報』一九九六年一一月号では、藤岡信勝・自由主義史観研究会編『教科書が教えない歴史』（産経新聞ニュースサービス発売・扶桑社）が月間七位にランクインしていることがわかる。同書は七月三〇日の発売後三ヶ月で二一万五千部に達し、話題になっている（全国出版協会・出版科学研究所 一九九六・一一：一七）。同誌同年一二月号では「『教科書が教えない歴史』『国民の油断』『汚辱の近現代史』と日本人の歴史観を問い直す本が注目を浴びている」と言及し（全国出版協会・出版科学研究所 一九九六・一二：一二三）、一九九七年一月号では、『教科書が教えない歴史2』が一ヶ月で一二万部売っていることが指摘された（全国出版協会・出版科学研究所 一九九七・一：二一、第一巻はこの時点で累計三七万部）。

すなわち、歴史観を問い直す書籍はすでに「売れて」おり、歴史認識を扱いだした『新ゴー宣』はむしろ後追いであることがわかる。『出版月報』一九九七年三月号によれば、同作品の単行本の売り上げは「初刷一五万部」である。以後発売月は「社会」カテゴリで何度も一位を獲得し、約二〇万部の売り上げがあった（これは保守系論壇誌『正論』や『諸君！』の約二倍の発行部数である）。

　とするのであれば、より大きな「キャンペーン」の中で『新ゴー宣』の〈「慰安婦」問題〉は連載されたと捉えた方が妥当ではないか。もしそのように捉えられるのであれば、それを示す傍証が一つある。『SAPIO』は出版以降ほとんど新聞に広告を出さなかったのだが、『新ゴー宣』が〈「慰安婦」問題〉の連載を始めた時に新聞広告を出している。次の資料1は、一九九六年九月二五日の『読売新聞』と『朝日新聞』のスポーツ面の広告である(11)。

　これを確認すると、国内で最も発行部数が多い『読売』が半五段分の広告であるにも拘わらず、同日の『朝日』にはほぼ全五段分の広告を出している（ちなみに、「教科書が教えない歴史」を連載している『産経新聞』には広告を出していない）。『新ゴー宣』の売り出し文句は「小林よしのり『新・ゴーマニズム宣言』第26章恐るべき慰安婦問題の反響」であり、それとともに「ご意見をお寄せください」と書かれている。そして、同号で小林の連載を「援護射撃」する記事の見出しは、広告の方では「『慰安婦強制連行』で、『朝日』vs『産経』どっちが正しい!?」となっており、「従軍慰安婦報道『朝日』vs『産経』どっちが正しい!?」という本紙内の記事の見出しよりも『朝日』の「強制連行」説を標的としている様子が窺い知れる。

　すなわち、ここまでの資料を鑑みる限り、『新ゴー宣』はすでに存在する「キャンペーン」の動向にむしろ追随・伴走したと見た方が事実に近いと思われる。

3・2　『ゴー宣』の商品性と書籍流通制度

　では、小林は一連のキャンペーンにどのように追随・伴走した／できたのか。

　この点を考えるために、迂回的に当時の雑誌市場の状態に一度注目しておきたい。八〇年代末に日本の出版界は「雑高書低」の状況に移行し、キヨスクルートの出版流通・取次とコンビニエンスストア（CVS）ルートが主流となる。その過程で、『Bart』（集英社、九一年創刊、公称一一万部）、『Views』（講談社、九一年創刊、公称一一万部）、『THIS IS 読売』（読売新聞社、九〇年創刊、公称一〇万部）、『SAPIO』（小学館、八九年創刊、公称二〇万部）、『マルコポーロ』（文藝春秋社、九一年創刊、公称二〇万部）などのCVS販売を中心とした「国際派ビジネスマン向け」「国際情報誌」の月刊または隔週刊のビジュアルマガジンが登場し、右派言説は商業雑誌で「消費」されるようになる（吉見二〇〇三）。

　これらの雑誌が廃刊していくなか、唯一生き抜いたのが「世界史激変を読み解く、二〇代ビジネスマンのための戦略情報

資料1　新聞における『SAPIO』の広告

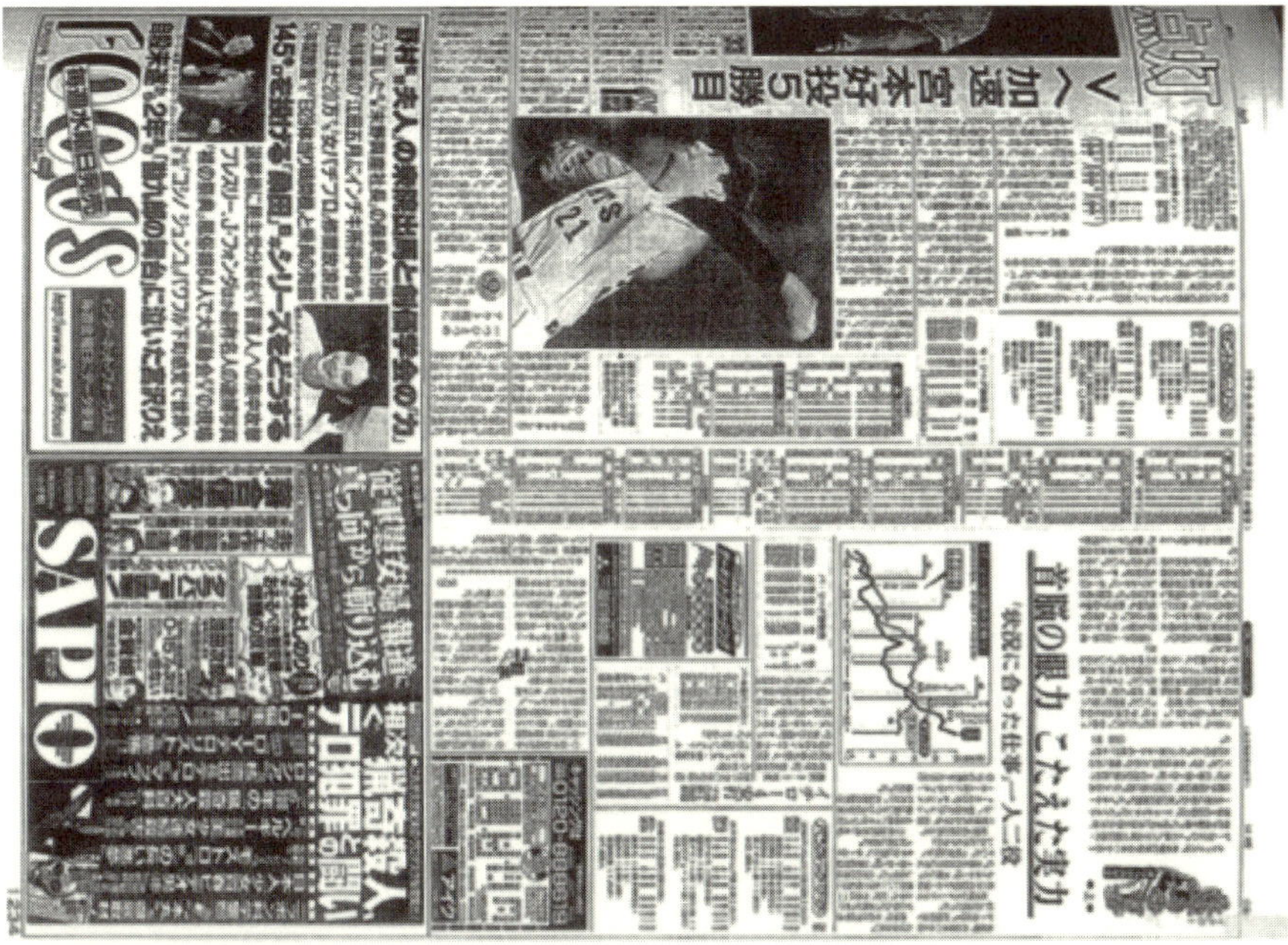

『読売新聞』1996年9月25日、18面、半5段

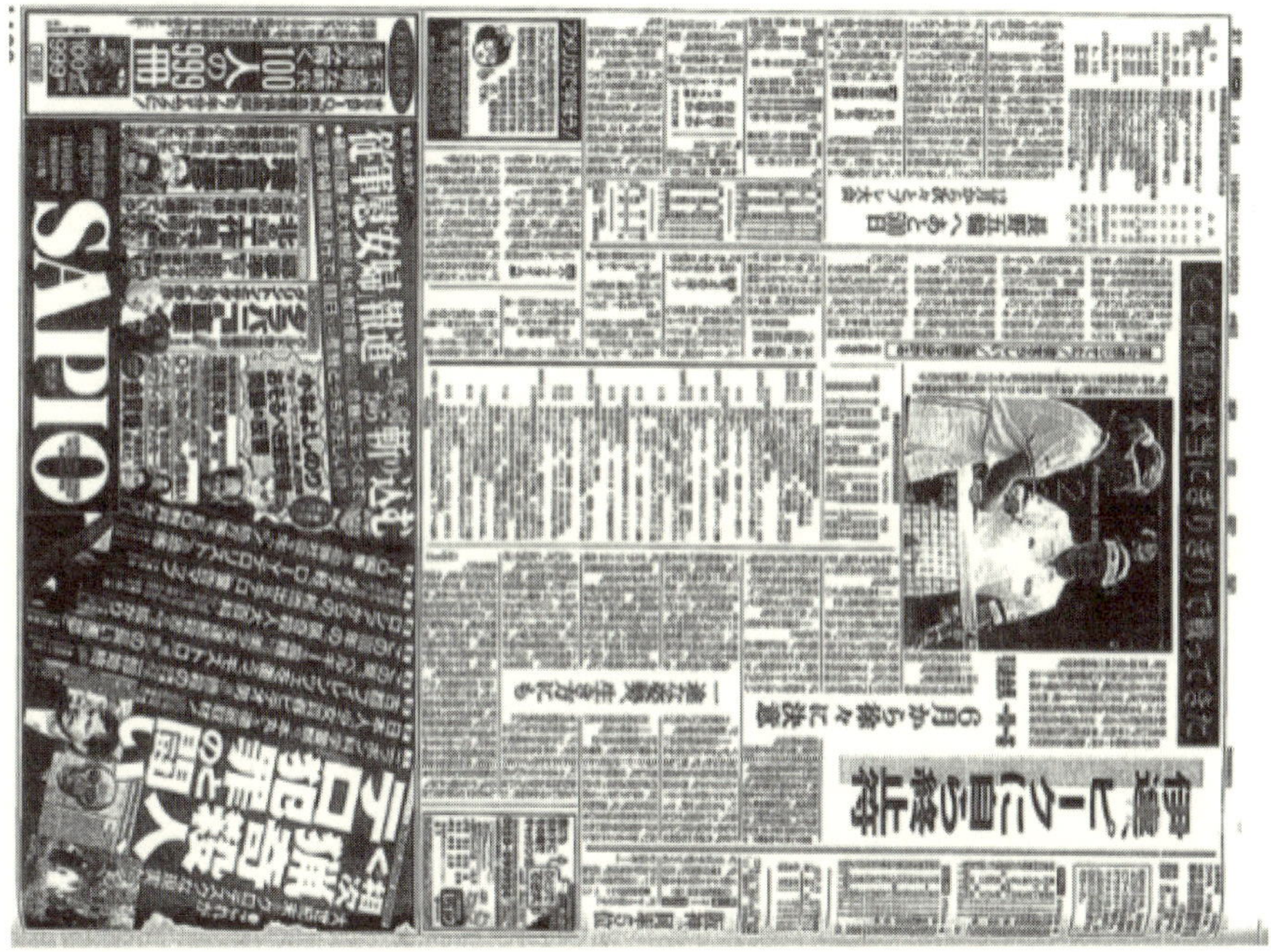

『朝日新聞』1996年9月25日、18面、全5段

誌」（『雑誌新聞総かたろぐ』一九九二年）と銘打たれた『SAPIO』である。同誌も創刊以降数年間売り上げが伸びなかったが、九六年に売り上げを急上昇させる。そして、このきっかけが『新ゴー宣』の〈「慰安婦」問題〉であり、この時期に雑誌の「右傾化」が指摘されるようになる（久保一九九七：三七）。

『新ゴー宣』の言説は、このような商業的文脈の中に置かれていた[12]。既出の瓜生もまた『ゴー宣』の商品としての「優秀さ」を考える必要があると指摘し、とりわけ『ゴー宣』は、「作者‐読者共同体」を構築し、商業的に成功していることを重視している。この商業的成功こそいかに内容（メッセージ／意見）が間違っていようとも小林が「『知識人』たちの批判に答えられる根拠」がある、と分析する（瓜生二〇〇一：二三四―二三五）。すなわち、知識人に対して、私の主張は間違っているかもしれないが、あなたの本より売れている、と言える立場をこうした商業性がバックアップしている、ということである。

こうした「商業性」という視座から検討を行う場合に、『ゴー宣』の場合、単行本化の際に、（すでに旧『ゴー宣』の時代から）通常の「マンガ」とは異なる流通上の手段をとっている点に着目しなければならない。通常マンガ単行本＝コミックスは、出版流通制度上「雑誌扱い書籍」となっている[13]。しかし、『ゴー宣』『新ゴー宣』[14]ともに、流通形態は「書籍」である（Cコードが0036なので、一般単行本で、内容が社会）。つまり、中身は「マンガ」でも容れものは「書籍」というメディア形態が採用されている。

この点については、瓜生が指摘する「『売れる』ことが『ウケる』ことを示す唯一の証でもあるという〈マンガ〉の商業論理を『ゴー宣』は見事に実践し、そして勝ち続けてきた」（瓜生二〇〇一：二四〇）という点に留保を付けながら、同書の社会的位置を考察する必要がある。

第一に、『戦争論』が五〇万部を突破し、年間一位のベストセラーになったことから「商業的成功」を前提に議論されるが、『新ゴー宣』は初版一五万部であり、マンガとして考えた場合、九〇年代のマンガ市況においては「比較的地味」と評価されるのが妥当だろう（中野二〇〇四：一五五）。しかし、書籍としてはヒットであり、「書籍」として販売されているため、月毎のベストセラーのランキングにも表示され、「話題書」という位置づけを獲得することができた。そして、自由主義史観派の書籍と同カテゴリで話題書となった。このように話題書として、発売後二～三ヶ月「社会」部門の書籍の月間売り上げ上位を維持し、言説を顕在化できたのにはこうした出版流通制度が関係している。したがって、「売れる＝ウケる」という〈マンガ〉の商業論理は維持したかもしれないが、それがいわゆるマンガと同じ出版制度の中で行われたわけではないといえる。

第二に、「書籍」ゆえに公共図書館や学校図書館に所蔵された「マンガ」となった。TRC（図書館流通センター）の当時の図書館で所蔵しているマンガランキングアンケート調査では、『はだしのゲン』『火の鳥』『ブラックジャック』についで『ゴーマニズム宣言（シリーズどれでも）』という結果となっている（図書館問題研究会編 一九九九：六五―六九）。以上の出版制度のなかで「商品」としての話題性やアクセス可能性を獲得できたのではないか[15]。

そして、以上に加えて、小林はテレビの討論番組に出演し、自らの主張を語ることによって流通させていった。とりわけ、『戦争論』は作品自体が直接テレビで取り上げられたため、大きなセールスとなった。しかし、それ以前の作品に関して、テレビの影響力がどの程度であったかは判然としない。ただし、『正論』の大島信三編集長（当時）は、小林がたびたび『正論』の執筆者を作品に登場させることによって若い読者や投稿者の増加に影響を与えていると、一九九八年二月号の読者投稿の傍に記述していることから、若者の言論への入り口となったという社会的機能はあったと考えられる。

とはいえ、これで問いに対してすべて説明がついたわけではない。当然、この「商品」を読む読者・消費者がいて初めて小林という「歴史修正主義マンガのヒーロー」という像が成立する。では、この作品はその「商品」の宛先である「読者」をどのように扱ったのか。そして、どのような仕組みで言説空間が構築されていったのか。

3・3 「読者」の扱いと言説空間の構築

誰がどう読んだのか／どのように影響力を持ったのか正確に把握することは、いまとなっては難しい。しかし、この作品が「読者」をどのように扱ったかは、現存する資料から読み解くことができるだろう。

これを検討するために、すでに確認したことに立ち戻ろう。『SAPIO』が広告を出してキャンペーンを張った一九九六年九月の広告の『新ゴー宣』の見出しには、「ご意見をお寄せください」とあった。実際どれほどの読者投稿が集まったのかわからないが、一一月二七日（vol.8 no.20）号の目次に、読者の手紙の山の写真を掲載してこの反響を伝えていることと、上で確認したように『新ゴー宣』の見出しを再び表紙に掲げたことから、その前後の雑誌運営の中では注目に値する反応があったことは容易に推察できる。

この小林による読者投稿の採用は、旧『ゴー宣』の初期（第一八章）から採用されている方法である。それは、一定程度読者を「囲い込む」「保護する」手段であったと考えることができる。瓜生は、同作品の商品としての魅力を認めつつ、「精神的・知的に弱い読者が小林の論法に騙される」と読者を論じれば、小林による「今度は読者をけなすわけね」という反駁から逃れられないことを指摘している（瓜生 二〇〇一：二三四―二三五）。2節で見た若桑みどりやこの瓜生の指摘からは『ゴー宣』シリーズは読者をうまく巻き込んでいた様子が確認できる。そして小林と読者の関係は、読者投稿をまとめた書籍『ゴーマニスト大パーティー』で「出会う」ことによって、「大きな教団」「熱烈なコミュニティー」が構成される（若桑 一九九八→一九九九：一四六―一五〇）。それゆえに「作者と読者との一種の共犯関係、もう少し穏健に言えば、〝作者‐読者共同体〟が構築されていることが、〈商品〉としての『ゴー宣』にとって重要な要件」と指摘される（瓜生二〇〇一：二三七）。

　この「作者‐読者共同体」という点については両者の指摘も一致している。この点が〈「慰安婦」問題〉の際にどのように作用したのだろうか。これまでと同様に先行研究では採られなかったメディア＝言説の存在様式という視点から問い直してみる。

　まず、〈「慰安婦」問題〉の連載もまた「読者参加型でいく」と小林は明言している（第二六章欄外小林コメント）。そして、同章の「オチ」で「さあ朝日新聞が正しいか？産経新聞が正しいか？／慰安婦がホントに〝従軍〟なのか？〝性奴隷〟なのか？〔中略〕我々で結論を出そう！」と宣言する。すなわち、同連載は最初から読者投稿を前提にしていることが窺える。そして、これが第二四章で初めて連載を書き、反響を受けたあとの発言であるため、おそらく読者の重要性を認識していたと言える。

　そもそも『新ゴー宣』は連載時から「応援レター」を募集していた。しかし、一九九六年一〇月九日号で「従軍慰安婦報道『朝日』vs『産経』どっちが正しい!?」を掲載し、「これを読んで意見をお寄せください」と『SAPIO』が読者意見を求めると、次次号（一一月一三日号）の『新ゴー宣』では、「異論・反論・応援レター大歓迎」に変更される。そうして集まった読者投稿は、一二月二五日号の雑誌連載時から見開き左右の欄外に縦書きで掲載されていく。そこには「異論」「反論」は掲載されず（作品では扱われる）、「応援レター」だけが掲載され、小林の主張内容に対して肯定的な印象を与えるもののみが選択されている。言うまでもないが、この取捨選択もまた「編集」の産物であり、どの投稿を掲載するかによって作品メッセージの性格を左右する。

　同作品における「読者投稿」の扱いは、メディアごとに異なる様相を見せる（資料2参照）。小林の作品内容に対する（それなりに過激な言葉遣いや小林への心酔ぶりも含む）肯定的意見[16]が示される「応援レター」が雑誌連載時にのみ、作品の左右の欄外に掲載されている。それとは対照的に単行本化される際にこの「応援レター」は削除されている。まずこの二点に大きな差異がある。

　こうした欄外コメントの削除は、投稿者の著作権の問題なのか、単行本、文庫版のように連載媒体よりも小さい紙を使うことによって起こった事態なのか、その理由は判然としない。またそうした可能性は否定できない。

　しかし、はっきりしているのは、小林はこれ以前にも読者の手紙を『ゴーマニスト大パーティー』という書籍で扱っていた。そのため、単行本や文庫に連載時の応援レターを掲載

資料2　雑誌・単行本・文庫における欄外コメントの差異

雑誌『SAPIO』連載時 レター判（A4 変形判）、隔週発売 （1997 年 3 月 12 日号） ・左欄外応援レター有り ・上部欄外小林コメント有り	単行本（小学館） A5 ハードカバー判『新ゴーマニズム宣言 4』 （1997 年 12 月） ・左欄外応援レター無し ・上部欄外小林コメント有り	新書本（小学館文庫） 新書判『新ゴーマニズム宣言 4』 （2001 年 8 月） ・左欄外応援レター無し ・上部欄外小林コメントほぼ無し

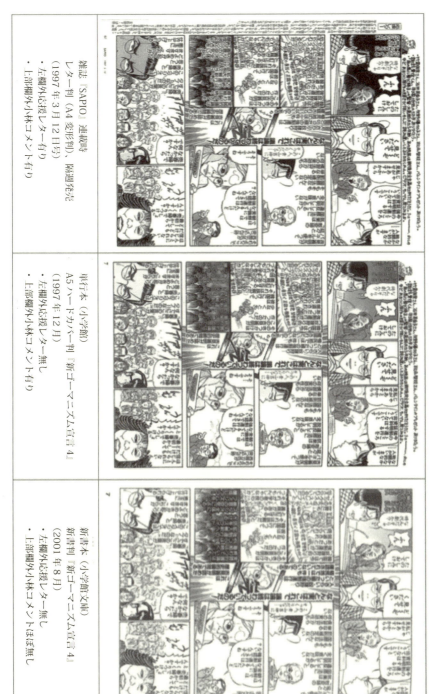

する必然性はなかったと考えることができる。同書は初版一万部で、ほぼ連載時に扱われなかった手紙を使用して構成されたものである。同書の特徴は、応援レターとは異なり、「両論併記状態」になっていて、反対意見も男女比率もほぼ半分の数で掲載されるという偏向のないバランスで編集がなされている。

だが、小林の作品内における読者意見の扱いは、多角的に扱われている（第二六章、二九章、三〇章）。物語は小林が対立する意見と戦い、勝利を納めていく様が描かれているわけだが、実際には読者意見のうち「強制連行なかった派」が八割と述べている（第二九章）。それゆえ、小林はあらかじめ「なかった派」の読者の側にいる。にもかかわらず、連載時の作品においては、小林が対等に戦った結果として対立する主張を退け、その欄外応援レターで小林の議論は擁護され、小林の主張が圧倒的に正しいかのように構成されている。

さて、このように「読者」の扱いを検討することができるわけだが、ここからどのような意味を読み取れるか。少なくとも次のように言える。第一に、連載時は主張の正当性を応援レターという読者の力から得られる仕組みになっている。第二に、単行本では読者の声が載っていないことによって、純粋に小林が複数の立場との議論に勝っていく様子が目立つ仕組みになっている。第三に、『ゴーマニスト大パーティー』で「両論併記」をすることで、この本を手に取る人には小林の著作全体が、一見民主的な議論を行っているように印象付ける仕組みとなっている。

以上の点が重要なのは、単行本や読者投稿集が、連載から数ヶ月遅れて登場するというメディアの時間差である。すなわち、連載後上記の仕組みが、当の議論のあり方を「事後的に正当化」することを可能にしうる。すなわち、この「作者―読者共同体」はメディア形式の上では、必ずしも同一時間上にいるのではなく、この共同体の時間軸がずれていることになる。作品連載時には読者を巻き込んで「正しい主張」が形成されていることを想像させ、単行本以降では、一見「民主的な議論」が為された結果であるかのように、話題書という社会的評価が付随する。さらに「両論併記」の読者投稿本によってその正当性が強化される下地を作っているといえる。言い換えれば、同作品は二つの時間差のある媒体とその社会的な位置取りの中で、〈「慰安婦」問題〉に対する「アジール（対抗言論の自由空間・領域）」であったかのような印象を保つ仕組みを保有していたと言える。

4　結論と今後の課題

これまでの議論を簡潔にまとめよう。本稿は〈「慰安婦」問題〉の存在を否定する言論がメディア上でどのように展開されたか問うものであり、小林よしのりの『新・ゴーマニズム宣言』の〈「慰安婦」問題〉の連載を対象とし、先行研究では採用されていなかったこの作品が展開された「メディア」を検討するアプローチを採用して、資料をもとに検証することが目的であった。その際「何が語られたか」よりも「どこで、いかに語られたか」といった媒介作用を検討の中心においたのだった。

その結果以下の知見が得られた。第一に、『新ゴー宣』の扱う〈「慰安婦」問題〉は、連載開始前後に雑誌や自由主義史観派の書籍の流行があり、そのキャンペーンに乗じて商業的な成功を収めた。そして、単行本がマンガにもかかわらず流通制度上「書籍」として扱われたために話題書として位置づけられることになり、かつ公共図書館などにも置かれたことで広くアクセスを獲得していった。第二に、読者受容のあり方をめぐっては、「読者の意見」を作品内（議論）、連載欄外（応援レター）、単行本（読者意見本の出版）など、「読者意見」を連載時（リアルタイム）と単行本（事後）で扱い分けることによって、双方に一見「民主的な議論」が為される「アジール（対抗言論の自由空間・領域）」であったかのような印象を保つ仕組みを保有していた。以上二点の制度的資源を用いて顕在化し、媒介され、言説空間を形成していった。

こうした検証結果は、先行研究の〈「慰安婦」問題〉否定言説がマンガの影響力によって拡散したという知見を相対化する。つまり、マンガだから効果や影響があったのではない。もしそうだと言えるのであれば、石坂啓のマンガ（「ある日あの記憶を殺しに」『週刊ヤングジャンプ』一九九六年四三号、集英社）も話題になっても良かったはずだ。しかしそうはなっていない。小林がすでに著名な漫画家だったからか。もしそうだと言えるのであれば、後の『マンガ嫌韓流』の流行は説明がつかない。すなわち、ある言説の影響力が強調されればされるほど、その内容に視線が集まるが、他方で忘れられていたのは、それを支え、媒介する社会制度、大衆文化市場、メディア特性の複合的なメカニズムであると言えるだろう。

ただし、以上で考察したように同言説の顕在化と流通を支える背景を捉えることはできたのだが、それがその後現在の排外主義など「新しい保守」とどのように関連していくのかという点に関しては、十分に解明できていない。しかし、筆者のこれまでの研究から、九〇―〇〇年代を通して、文化消費者の評価が高くなっていったメディア環境が析出されている（倉橋 二〇一六）。具体的には、保守論壇誌の読者投稿欄の分量増加や小林のように読者参加型の言説形成スタイルの萌芽として位置付けられる。すなわち、それはJenkins（1992, 2006）が指摘している「参加型文化」から複数のメディアプラットホームで言説や相互行為が生じる「コンバージェンス（収斂型）文化」への過渡期が九〇年代であったのではないかと考えられる。

そして、論破プロジェクト（二〇一三―）などの「ウェブ論壇」や、サブカル漫画誌『ガロ』を発行していた青林堂が創刊した『JAPANISM』（二〇一一―）など、マンガやサブカルチャーが媒介となって右派言説が消費され流通されていく言説空間の現状を鑑みる限り、こうした参加型文化、コンバージェンス文化として、保守・右派言説の形成と媒介作用の変遷と言説スタイルの形成過程を検討する研究が必要となるだろう。それは今後の課題としたい。

注

(1) 新聞については、同箇所は本紙を使用。その他は、各社データベースならびに『朝日新聞』(縮刷版)、『読売新聞』(縮刷版)、『産経新聞』(本紙)を用い、日付、面、朝夕刊の区別は本文中にその都度記すこととする。

(2) 倉橋(二〇一四)を参照。

(3) 樋口直人は、現在の右派言説や排外主義言説は、マンガやネットのサブカルチャーを背景とし、それらサブカルチャーは保守論壇誌と参照関係にあり、かつ排外主義が運動への動員の言説機会として近隣諸国との歴史認識問題など九〇年代中盤以降右派・保守論壇で取り上げられた話題を利用していると分析している(樋口二〇一四:六七、一四三―一六二)。

(4) 例えば、情報の密度の差こそあれ、西岡(二〇〇七)、秦(一九九九)、藤岡(第3節に登場する雑誌記事)がそれに当たると言ってよい。

(5) ドブレによる「メディオロジー」の説明は抽象的だが、言語論的転回以降の記号学(構造言語学)とコミュニケーション学の間を埋めるために、言表が組織化、制度化されていく過程(言説化されていく過程)を描くメディエーション(媒介作用、触媒行為)の事象を扱う学として提唱されている。すなわち、やや大雑把にまとめるのであれば、言説が載せられる組織、制度、社会的環境、技術などの側面に着目する学と言える。

(6) 例えば、呉智英編(一九九五)、北田暁大(二〇〇四)は示唆的な論点を含む。

(7) 例えば、アジア女性資料センター編(一九九七)のような一連の運動体による自由主義史観派の「バックラッシュ」へのパンフレット等とほぼ同一の内容が確認できる。

(8) 以下『新ゴー宣』からの引用は、同シリーズが連載媒体、単行本、文庫本と複数メディアに亘っているため、作品内容の引用については、いずれの媒体でも確認できるように作品の章のみ記載する。また、雑誌でしか確認できない点については使用した日付や巻号を本文中で指示することとする。

(9) 戦争プロパガンダにおける「敵の顔」を分析したサム・キーン(1991=一九九四)によれば、共同体アイデンティティは敵対関係にあり、われわれと彼らを分ける。そこに描く敵(=彼ら)の顔にはいくつかのパターンがある。敵に顔が無いパターンも指摘されている。かつ敵については「遠回しにのみ言及」する。「われわれ」は「故意に特徴をぼやかし、いまだもって敵に顔はないと力説する。なぜなら、われわれは自分がしていることに目をつぶってのみ、戦争の恐怖を永続化させ、想像もできない惨事の張本人となることができるからである」(キーン1991=一九九四:三二―三三)。

(10) 「論壇」を「サブカル」と捉える大塚は、歴史修正主義が、歴史教科書への違和感を唱えたものの、従来の保守の言葉と接合してしまい、かつ小林と合流することで、言論の消費物化が加速する危うさに無頓着であることを繰り返し批判した(大塚・上野一九九八:一〇―一三、大塚二〇〇五:一七―二〇)。

(11) 当時の数字がわからないが、現在の面別接触率調査からすると、スポーツ面は男性の方が一〇ポイントほどよく読む紙面である。しかし、その他の面と比べて著しく読まれる紙面とは言い切れない（J-MONITOR 参照 http://www.j-monitor.net/data-plate/）。

（12）小林自身の「商業性」に関する自覚意識はわからないが、作品中では、呉智英が『朝日』と『産経』による真逆の報道姿勢を「商売」と喝破するシーンを描いている（第二四章）。

　また小林は「新しい歴史教科書をつくる会」の記者会見でも「商売になりますよ、これ」「来年はそうなります、まちがいなく。〔中略〕ものすごい反響がありますから」とも語っている（関口一九九七：三八）。

（13）コミックスが「雑誌扱い書籍」として形成されていくメディア史は山森宙史（二〇一三）を参照。『ゴー宣』のように書籍として出版されたマンガの例は、中沢啓治の『はだしのゲン』が代表的である。『はだしのゲン』は一九七五年に『週刊少年ジャンプ』に連載され、ジャンプコミックスから出版されず、汐文社から「書籍」として単行本化された。その後、汐文社のあっせんもあって、『ゲン』の続編は市民運動論壇誌『市民』、日本共産党中央委員会思想文化誌『文化評論』、日本教職員組合機関誌『教育評論』へと連載の場を移すことになる。これら「左派雑誌」では、共産党雑誌では国家批判（天皇批判）がなされ、日教組雑誌では君が代批判などがなされていく（福間二〇〇六：一〇—五八）。

（14）Cコードとは、日本の書籍の分類を行うコードであり、数字四桁のうち、第一桁は販売対象コード、第二桁は発売形態コード、第三と四桁は内容コードを示すものである。

（15）今回の調査では『新ゴー宣』が書店のどこに陳列されたのかというところまでは明確にできなかった。図書館については、『ゴー宣』『新ゴー宣』ともにNDCでは「726 漫画 挿絵 童画」のカテゴリに分類されている。その他、『戦争論』のようなスピンオフ作品はテーマごとに分類・配架されている。

（16）連載時には次のような投稿が掲載された。「『朝生』を見ました。正直言ってかなり恐ろしい番組でした。特に番組終了前の数分間はすごかった。謝罪派の人々がさかんに拍手したり、司会者が謝罪派の人の**FAX**を読んで議論を結んだりしてるのは、彼らが何の抵抗も無くそうしてしまっている点で洗脳されていると言わざるを得ません。〔中略〕今の日本であのような人達が主流を占めているのだとしたら、かなり危険な状態だと思います。戦争直前の日本の雰囲気がどんなものだったかはわかりませんが、もしかしたら朝生の会場の雰囲気はそれに近いのではないでしょうか。しかも戦前の日本がアメリカに戦いをいどんだのに対して、あの会場の人達は自ら直接国家の首をしめつけているのだから余計にまずいです（菅原善太／二〇歳）（一九九七年三月一二日号 vol.9 no.4 六九頁）

参考文献

アジア女性資料センター編、一九九七、『「慰安婦」問題Q&A：「自由主義史観」へ女たちの反論』明石書店。

浅野健一、一九九七、「小林よしのり氏と現代の若者」『インパクション』一〇二号、インパクト出版会、九六—一〇三頁。

福間良明、二〇〇六、「『原爆マンガ』のメディア史」吉村和真・福間良明編『「はだしのゲン」がいた風景　マンガ・戦争・記憶』世界思想社、一〇—五八頁。

秦郁彦、一九九九、『慰安婦と戦場の性』新潮社。

樋口直人、二〇一四、『日本型排外主義　在特会・外国人参政権・東アジア地政学』名古屋大学出版会。

Jenkins, Henry, 1992, *Textual Poachers: Television Fans & Participatory Culture*. Studies in Culture and Communication. New York: Routledge.

———, 2006, *Convergence Culture: Where Old and New Media Collide*. New York: New York University Press.

Keen, Sam, 1991, *Faces of the Enemy: Reflections of the Hostile Imagination*, Harper & Row, San Francisco（＝サム・キーン、一九九四、佐藤卓巳・佐藤八寿子訳『敵の顔――憎悪と戦争の心理学』柏書房）。

木村幹、二〇一四、『日韓歴史認識問題とは何か　歴史教科書・「慰安婦」・ポピュリズム』ミネルヴァ書房。

北田暁大、二〇〇四、『嗤う日本の「ナショナリズム」』ＮＨＫブックス。

小林よしのりと61人の読者たち＋小浜逸郎、一九九七、『ゴーマニスト大パーティー3』ポット出版。

倉橋耕平、二〇一四、「〈性奴隷〉は新聞報道にどのように登場したか――1991-92年の国内紙・英字紙を中心に」大谷通高・村上慎司編『生存学研究センター報告書21　生存をめぐる規範』生活書院、七六―九九頁。

———、二〇一六、「『保守論壇』の変容と読者の教育――90年代出版メディア編成と言論の存在様式の視点から」藤原信行・中倉智徳編『生存学研究センター報告書26　生存をめぐる規範と秩序』生活書院、一四〇―一五九頁。

久保隆志、一九九七、「小学館『社内情報化』と機構改革による再出発（特集 出版社の徹底研究）」『創』二七（五）、創出版、三二―三九頁。

呉智英編、一九九五、『小林よしのり論序説　ゴーマニズムとは何か』出帆出版。

Morris-Suzuki, Tessa, 2004, *The Past within Us: Media, Memory, History*, W. W. Norton,（＝テッサ・モーリス－スズキ、二〇〇四、田代泰子訳『過去は死なない』岩波書店）。

永原慶二、二〇〇一、『歴史教科書をどうつくるか』岩波書店。

中野晴行、二〇〇四、『マンガ産業論』筑摩書房。

中野晃一、二〇一五、『右傾化する日本政治』岩波新書。

西岡力、二〇〇七、『よくわかる慰安婦問題』草思社。

大塚英志、一九九八、「小林よしのり『ゴー宣』は醜悪な論壇の戯画」『諸君！』三〇（二）、文藝春秋、二一六―二二一頁。

———、二〇〇五、『戦後民主主義のリハビリテーション　論壇で僕は何を語ったか』角川文庫。

大塚英志・上野俊哉、一九九八、「サブカルおたくはなぜ保守と結びついたか」『インパクション』一〇六号、インパクト出版会、六―二一頁。

澤野雅樹、一九九七、「なぜ私は小林よしのりに興味がないのか」『インパクション』一〇二号、インパクト出版会、八九―九五頁。

関口すみ子、一九九七、「『慰安婦』問題を排除する『新しい歴史教科書』づくりとは何か――『新しい歴史教科書をつくる会』記者会見で語られたこと」『インパクション』一〇一号、インパクト出版会、三六―四四頁。

図書館問題研究会編、一九九九、「アンケートにみる公共図書館とマンガ」『みんなの図書館（特集 図書館でマンガを提供するには）』（二六九）、教育史料出版会、六五―六九頁。

上杉聰、一九九七、『脱ゴーマニズム宣言　小林よしのりの「慰安婦」問題』東方出版。

瓜生吉則、二〇〇二、「〈マンガ〉のリミット――小林よしのり＝『ゴーマニズム』宣言をめぐって」宮原浩二郎・荻野昌弘編『マンガの社会学』世界思想社、二二一―二四五頁。

若桑みどり、一九九八→一九九九、「『ゴーマニズム宣言』を若者はどう読むか」宮台真司・姜尚中・水木しげる・中西新太郎・若桑みどり・石坂啓・沢田竜夫・梅野正信『戦争論妄想論』教育史料出版会、一三五―一五四頁。

山森宙史、二〇一三、「「コミックス」という出版メディアの生成――1960-70年代における新書判マンガ単行本出版を事例に」『マス・コミュニケーション研究』(八二)、日本マス・コミュニケーション学会、一五三―一七二頁。

吉見俊哉、二〇〇三、『カルチュラル・ターン　文化の政治学へ』人文書院。

資料（巻号、章などは本文中に記載）
小林よしのり、『ゴーマニズム宣言』（一〜九巻）、扶桑社。
小林よしのり、『新・ゴーマニズム宣言』（一〜一五巻）、小学館。
メディア・リサーチ・センター株式会社編、『雑誌新聞総かたろぐ』。
『SAPIO』小学館。
『SPA!』扶桑社。
『出版月報』全国出版協会・出版科学研究所。

●特別掲載

『帝国の慰安婦——植民地支配と記憶の戦い』の方法論をめぐる批判的考察

能川元一

本稿は二〇一五年五月一四日に同志社大学で開催された同志社大学ジェンダー・セクシュアリティ研究会主催の『帝国の慰安婦』合評会において行った報告をもとに、筆者が別の機会に比較的詳しく取り上げた論点、および他の論者によってすでにとりあげられている論点を割愛し、またいくつか注を加えたものである。合評会の主催者および参加者の方々に謝意を評したい。

一　評価の視点

著者の朴裕河氏によれば『帝国の慰安婦——植民地支配と記憶の戦い』が目指したのは「『朝鮮人慰安婦』として声をあげた女性たちの声にひたすら耳を澄ませること」によって「『朝鮮人慰安婦』の総体的な像を描きなおす」こと（一〇ページ）であるとされる。「そうした様々な声を知る」ことが「慰安婦問題を解決するために何よりもまず必要」（三一六ページ）ともされている。

このような目的を追及するための作業において、同書は（a）「慰安婦＝少女」というイメージ、（b）元日本軍「慰安婦」（以下「慰安婦」）を「被害者」役割に閉じ込めようとする〝国民の記憶〟、（c）そうしたイメージ・記憶の形成を助長した（とされる）支援団体、の三つを主たる批判対象としている。その結果として著者が提示する「慰安婦」像こそ「帝国の慰安婦」だということになる。

問題はこの「帝国の慰安婦」が学術的に妥当な手続きによって導き出された「慰安婦」像であるか否か、という点にある。[1] だがこの点について筆者は大きな疑念を抱かずにはいられなかった。もし『帝国の慰安婦』がその中心的なテーゼの立論において看過し得ないような重大な問題をはらんでいるなら、同書が日本軍「慰安婦」問題の解決に寄与しうると評した論者たちの考えていた〝解決〟の内実が問い直されねばなるまい(2)。以下、『帝国の慰安婦』が抱えている問題点のいくつかを明らかにしていきたい。

二　先行研究の扱い方について

『帝国の慰安婦』の問題点の一つは、いくつかの点で先行研究を無視するか十分な根拠なく通説を否定しており、日本軍「慰安所」制度について読者を誤った理解に導いていることである。例えば「慰安所」設置の目的について、朴裕河氏は次のように主張する。

> 性病防止などが慰安所を作った第一の理由に考えられているが、それはむしろ付随的な理由と考えられる。
> (朴、二〇一四、三一)
>
> おそらく、軍慰安所の第一の目的、あるいは意識されずとも機能してしまった部分は、高嶺の花だった買春を兵士の手にも届くものにすることだった。(朴、二〇一四、四一)
>
> 女性が家のこまごまとした仕事をして、男たちがまた会社に出て働ける役割を受け持つように、軍人たちが戦争をしている間、必要なさまざまな補助作業をするように動員された存在が慰安婦だったのである。(朴、二〇一四、七一)
>
> 戦争開始後に軍が主導的に作った慰安所は、最初は性病防止などという至極現実的で殺伐とした目的から作られたようだが、時間が経つにつれて、身体以上に心を慰安する機能が注目されたのだろう。(朴、二〇一四、八五)

このように、「慰安所」設置の目的に関する通説のうち、占領地での強姦防止(と占領統治の円滑化)や性病対策という点が否定されている。しかしその論拠はまったくと言ってよいほど明らかにされていない。著者が「時代的拘束から自由だった」などと高く評価したたびたび援用している千田夏光の『〝声なき女〟八万人の告発　従軍慰安婦』では「強姦予防」「性病予防」という目的が強調されているだけに、不可解と言わざるを得ない。

「慰安所」設置の目的を論じるにあたって朴裕河氏が依拠しているのは元日本軍将兵や元「慰安婦」の証言であり、「慰安所」というシステムをつくりあげた側の認識を示すような史料・証言は『帝国の慰安婦』全体を通じてほぼ無視されている。このことは、もし同書が日本軍「慰安所」制度の「意識されずとも機能してしまった部分」だけを考察の対象としたのであれば正当化できるだろうが、『帝国の慰安婦』の主張はあきらかに軍中央が想定した「目的」にまで踏み込んでしまっている。

資料の用い方にも看過できない問題がある。右記四一ページからの引用について朴裕河氏は、森崎和江の『からゆきさん』（一九七六年、朝日新聞社）から貧しい兵士や労働者の相手をする「私娼窟」も増えたという記述を引いてその根拠としている。だが、『帝国の慰安婦』ではいつ・どこのことなのかが明らかにされないまま引用されている森崎の記述は、なんと一九〇五年の大連の買春事情についてのものなのである。これが買春の大衆化が進んでいた（横田、二〇一四）一九三〇年代後半に発案された「慰安所」制度の目的を論じるうえでの根拠とはなり得ないことは、言うまでもないだろう。

また、一九三七年九月の野戦酒保規程改正がもつ意味が無視されており、この点を初めて指摘した永井和（二〇〇〇／二〇〇七）は『帝国の慰安婦』の参考文献に挙がっていない。そのため軍の関与が過小評価され、反対に業者の責任が過大評価されることとなっている。改正野戦酒保規程にもとづいて設置された「慰安所」は、たとえ民間業者によって経営されている場合にも軍から正式な委託を受けた、軍の後方施設の一部であることは、日本軍の責任について考えるうえで極めて重要である。

なお合評会においては、『帝国の慰安婦』が「日本人捕虜尋問報告　第四九号」の原資料を参照せず船橋洋一氏による要約に依拠したため、尋問を受けた二〇名の朝鮮人慰安婦の「平均年齢」について誤った結論を導いてしまったことも指摘したが、これについては金（二〇一六）を参照されたい。

三　日本の法的責任と「性奴隷」概念について

本書は日本政府の法的責任を問うことはできない、という極めて強い主張を行っている。代表的なのは以下のような箇所である（〔　〕内は引用者による補足）。

日本に対し「法的責任」を問いたくても、その根拠となる「法」自体が存在しない。（朴、二〇一四、三一九）

強姦や暴行とは異なるシステムだった「慰安」を犯罪視するのは、少なくとも法的には不可能である。（朴、二〇一四、一七二）

日本国家に責任があるとすれば、〔人身売買を〕公的には禁止しながら実質的には（個別に解放したケースがあっても）黙認した（といっても、すべて人身売買であるわけではないので、その責任も人身売買された者に関してのことに限られるだろうし、軍上層部がそうしたケースもあることを認知していたかどうかの確認も必要だろう）ことにある。（朴、二〇一四、一八〇）

略取誘拐や強姦ならば犯罪だが、それは業者や兵士の個人的犯罪にすぎない、「慰安所」の設置そのものは「犯罪」ではない、というのである。しかしこの主張はまず第一に、被拐取者海外移送罪や被拐取者わいせつ目的収受罪（人身売買の被害者の海外移送、収受にも適用される）を考慮に入れていない点で、先行研究の重要な論点を見過ごしていると言わねばならない。

第二に、日本軍「慰安婦」問題の歴史においては日本政府による賠償が大きな争点となってきたことを考えれば、刑事責任のみならず、民法上の責任もまた問題とされねばならないのは当然である。しかし日本政府に「損害賠償を求めるのは不可能」と主張（朴、二〇一四、一九三―一九五）する際に、朴裕河氏は藍谷（二〇〇九）の論旨を大きく歪めて援用し、原論文とほぼ逆の結論を引き出してしまっている。この点については鄭（二〇一六、八六―八九）が詳しく指摘しているので参照していただきたい。

次に、日本の右派および安倍政権が執拗に否認している「慰安所制度＝性奴隷制」という認識について。『帝国の慰安婦』は韓国語版ウィキペディアから「自由と権利を奪われ他人の所有の客体となる者」という「奴隷」の定義を引いた（朴、二〇一四、一四三）うえで、直ちに「慰安婦＝『性奴隷』が〈監禁されて軍人たちに無償で性を搾取された〉ということを意味する限り、朝鮮人慰安婦は必ずしもそのような『奴隷』ではない」（同所）と続ける。日本軍「慰安婦」問題論争史において重要な意味を持つ「奴隷」概念の定義をウィキペディアに依拠していることには驚愕せざるをえないが、それ以上にたったいま引用された「奴隷」の定義とはまったく異なる「〈監禁されて軍人たちに無償で性を搾取された〉」という基準を持ち出して「性奴隷」認識を否定することに、いかなる学術的な正当性があるのだろうか？

朴裕河氏はまた、二、三ヶ月に一度くらい外出を許可された、という元「慰安婦」の証言を引いたうえで「それは外出や廃業の自由がなかったとするこれまでの考えを翻すものだ」とも述べている（朴、二〇一四、九四―九五）。しかし報酬や外出の「許可」、さらには廃業が「許可」されたケースもあることが「性奴隷」であることを否定する根拠にならないことは、先行研究でも度々指摘されてきたことである。報酬の支払い（が行われたケースが有ること）および外出の許可（が与えられたケースがあること）は、日本の右派が日本軍「慰安婦」問題における日本軍・政府の責任を否認し、「慰安所」制度が「性奴隷制」であることを否認する際の定番の論拠であることは改めて指摘するまでもないであろう。

朴裕河氏が「性奴隷」認識に異議を唱えるもう一つの根拠は、「何よりも、『性奴隷』とは、性的酷使以外の経験と記憶を隠蔽してしまう言葉である」というものである（朴、二〇一四、一四三）。続けて「慰安婦たちが総体的な被害者であることは確かでも、そのような側面にのみ注目して、『被害者』としての記憶以外を隠蔽するのは、慰安婦の全人格を受け入れないことになる」ともされている（同所）。これは「『朝鮮人慰安婦』の総体的な像を描きなおす」という本書の企図にも合致することのように思えるかもしれない。しかしわれわれは元「慰安婦」に対して「あなたは性奴隷だったのですよ」と言おうとしているのではない。「性奴隷」は日本軍の「慰安所」というシステムそれ自体がはらんでいる人権侵害性を告発するための概念であることを考えれば、本書のこの主張には同意し難い。

四　「帝国」という視座の有効性

著者は朝鮮人「慰安婦」や彼女らが果たした役割を「そこで朝鮮人は『日本人』でもあった」（朴、二〇一四、五七）、「〈故郷〉の役割」（同書、四五）、「女房」（同書、七一）「精神的『慰安』者としての役割」（同書、七七）、「〈代替日本人〉」「『同じ日本人』としての〈同志的関係〉」（同書、八三）などと特徴づけ、占領地の「慰安婦」は「厳密な意味では『慰安婦』とは言えない」（同書、四五）とまで主張する。植民地と占領地での事情の違いそのものは先行研究においても指摘されてきたことだが、この違いを極めて強調して二分法としているところが本書の特徴である。

しかしこのような二分法は、あまりにも観念的である。『帝国の慰安婦』を一読すれば明らかなことだが、「慰安婦」たちの体験の「多様性」を強調する同書は同じ「植民地」である台湾の元「慰安婦」の「声」にも、また占領地の「慰安婦」として朝鮮人「慰安婦」と対照をなすはずの中国・フィリピン・インドネシア等の被害者たちの「声」にも、ほとんど関心を払っていない。本書では植民地の「慰安婦」と占領地の「慰安婦」との違いはいわば自明の前提とされており、著者が朝鮮人元「慰安婦」の証言集や日本人作家の著作から拾い上げた「声」は直ちに朝鮮人慰安婦の経験の特異性を示すものとされてしまっている。

また、「漢奸」という語の存在が示すように、協力の強制、〈自発の自己強制〉」（朴、二〇一四、六〇）といった現象は植民地だけでなく占領地でも、程度はともあれ生じるものである。著者は「ホロコーストには朝鮮人慰安婦が持つ矛盾――すなわち被害者で協力者という二重の構造は、すくなくとも一般的にはない」（同書、一五六）とも言うが、ユダヤ人評議会の対独協力や「ゾンダーコマンド」の存在がなにゆえ「一般的」でないとされるのか、説明はない。

植民地出身で「日本人」の一員であったこと、「帝国の慰安婦」であったことに朝鮮人「慰安婦」の本質があると主張する本書だが、「朝鮮人女性が多かったのは確かでも、そのことが宗主国日本が意識して植民地の女性をターゲットにして動員した、ということになるのではない」（朴、二〇一四、一三七）、「それは、植民地となった朝鮮が、大日本帝国内において相対的に貧しかったために、動員の対象になりやすかった結果だったはずだ」（同所）、「改善されることのなかった貧困こそが、戦争遂行のための安い労働力を提供する構造を作ったのである」（同書、一三八）とも主張している。もしそうした主張に従うなら、「階級」という視点こそが最も重要だということになるだろう。本書を丹念に読めば読むほど、著者が描こうとする朝鮮人「慰安婦」の像は揺らいでいくように思われる。

　また、在韓米軍基地周辺での〝米軍慰安婦〟を問題にする際には「アメリカの軍基地体制を新帝国体制と呼べるなら、いまなお世界の覇権を目指す帝国に女たちは利用されていると言わねばならない」（朴、二〇一四、二九五）、「米軍のために用意された女性たちの生活も、米軍の相手をするようになるまでの過程や、その後の生活を見る限り、日本軍慰安婦の状況と根本的には違いがない」（同書、一九〇）などと、「帝国」概念は大きく拡張されてしまっている。はたして「帝国の慰安婦」は首尾一貫した「慰安婦」像たり得ているのだろうか

五　韓国／日本での文脈の違い

　本書（の韓国語版）が韓国社会の言論空間で果たす役割について論じることは評者の能力を超えているが、韓国と日本では本書が受容される文脈が大きく異なるであろうことは確信を持って言える。というのも本書が描き出す朝鮮人「慰安婦」像のいくつかの側面は、すでに日本の右派が日本軍・日本政府の責任を否定するために主張してきたものだからである。[3] 例えば次のような一節。

　最後に、「情の民族」である日本人として言いたい。慰安婦は、戦死が待つ戦場に赴く兵士が客となり、切なく哀しい短い時を過ごした女性達だ。内地で死んで帰れと送り出された兵士は、戦地で初めて「あんた、死んだらあかんよ」と彼女に言われて泣いた。

　名も伝わらない彼女達は、生還しなかった二百五十万将兵の何人かに、戦地で情のある言葉をかけて優しく慰めてくれた。その優しくつらい人生を思い、心より亡くなった方々のご冥福を祈る。

　これは歴史修正主義者として名高い西村眞悟・元衆議院議員の発言である（西村、二〇一三、九七）。また「人身売買」に焦点化することで「業者」の責任を強調するのも定番の論法である。『朝日新聞』二〇一五年三月三一日付け朝刊によれば、安倍晋三首相は米紙のインタビューに応えて日本軍「慰安婦」問題について語ったことについて、衆院予算委員会で「この問題で人身売買についての議論も指摘されてきたのは事実。その観点から人身売買という言葉を使った」と発言してもいる。

　政権与党が「いわゆる慰安婦の『強制連行』の事実は否定され、性的虐待も否定された」と主張している（自民党外交・経済連携本部国際情報検討委員会の決議文）現状で、本書が描く「慰安婦」像が、例えば著者の提案する「国会決議」につながるという展望を想像するのは困難ではないだろうか。

　『帝国の慰安婦』が千田夏光氏の著作『〝声なき女〟八万人の告発　従軍慰安婦』（一九七三、双葉社）を援用するその

しかたが学術的にいって多く問題点をはらんでいることについては、能川（二〇一六）で批判的にとりあげたが、本書の受容の日本的な文脈と密接に関わる点についてのみ重複を厭わずここで改めてとりあげ、本稿を締めくくることにしたい。

『帝国の慰安婦』の特徴の一つとして、一九九六、七年ごろから右派が組織的に行ってきた「慰安婦」問題に対するバックラッシュ[4]の自律性をほとんど無視している点を指摘しなければならない。右派の主張は韓国の主張に対する反発か、自らの「記憶」にもとづくものだとされる。例えば、『〝声なき女〟八万人の告発　従軍慰安婦』から、自分が目撃した「慰安所」について「民間業者が勝手にやって来て勝手に営業している」とした元日本兵の証言を引用したうえで、朴裕河氏は「慰安婦問題を否定する人たちが、民間人が勝手に営業したと主張するのは、このような記憶が残っているからだろう」（朴、二〇一四、一〇四）と主張する。民間人が勝手にやっている慰安所しか記憶していないのだから、そう言いたくなるのもわかる……と言わんばかりである。しかし千田氏が聞き取りをしたこの証言者は、朴氏が引用している箇所のすぐ後では「北部中国に軍の管理する慰安婦と慰安所ができたのは三月か四月ごろではなかったかと思います」と証言しているのである。朴氏が援用した証言者は軍が管理した「慰安所」についての記憶も持っていたのであり、「慰安婦問題を否定する人たちが、民間人が勝手に営業したと主張するのは、このような記憶が残っているからだろう」などという憶測の根拠として引き合いに出せるような証言者でないのである。

注

（1）周知の通り、同書は第一五回石橋湛山記念早稲田ジャーナリズム大賞（文化貢献部門）、毎日新聞主催の第二七回アジア・太平洋賞（特別賞）を受賞するなど高い評価を得る一方、主にその方法論をめぐって多くの問題点が指摘されてきた。二〇一六年三月二八日には東京大学駒場キャンパスにおいて研究集会「『慰安婦』問題にどう向き合うか　朴裕河氏の論著とその評価を素材に」が開催され、同書への評価を異にする研究者らが発言したが、一聴衆として参加した筆者も含め議論が平行線に終わったという印象をもつ参加者が多かったようである。筆者の見るところでは、「平行線」の大きな原因は、同書に批判的な論者がまずはその方法論を吟味することで「帝国の慰安婦」というテーゼの妥当性を問おうとしたのに対し、同書を肯定的に評価する論者はむしろ朴裕河氏のテーゼが日本軍「慰安婦」問題の解決にどう寄与するかに焦点をあてようとしたところにある。学術的には、まず前者の問題こそが検討されるべきであることは言うまでもないだろう。

（2）そしてその作業は二〇一五年末に日韓両政府の間で結ばれた「合意」なるものをどう評価するか、という問題へとわれわれを導くに違いない。

（3）他方、元「慰安婦」被害者の支援団体が典型的な「被害者」イメージに収まらない元「慰安婦」の姿をきちんと伝えてきた、ということも指摘しておきたい。例えば在日コリアンの元「慰安婦」宋神道さんの裁判闘争を描いた映画『オレの心は負けてない』の印象的なシーンの一つに、宋さんがとつぜん軍歌を歌い出すところがある。支援者の一人梁澄子氏は、証言集会で宋さんが軍歌を歌うことにつき、「初期には支える会の中にも抵抗、異論はあった」ことを認めつつ、「宋さんをありのまま直視することが日本軍の『慰安婦』制度とその下で被害を負った女性たちの被害の実相を理解する第一歩であり、丸ごと受け入れることが被害回復を手助けする第一歩に違いないと信じて臨んでいた支える会は、宋さんの軍歌を止めようとは考えなかった」としている（http://www.ritsumei.ac.jp/acd/re/k-rsc/lcs/kiyou/pdf_23-2_alt/RitsIILCS_23.2pp187-192YANG%20Ching-ja.pdf）。『帝国の慰安婦』によってはじめて「慰安婦」の多様な姿が明らかにされたかのように主張する者は、自らが支援団体の情報発信をどれだけ真摯に聴きとってきたのかを自問する必要があるのではないだろうか？

（4）この点については（山口ほか、二〇一六、第一章、第四章）を参照されたい。

文献

藍谷邦雄、二〇〇九、「時評『慰安婦』裁判の経過と結果およびその後の動向」『歴史学研究』第八四九号

鄭栄桓、二〇一六、『忘却のための「和解」――『帝国の慰安婦』と日本の責任』世織書房

金富子、二〇一六、「新しさを装った歴史修正の動き」前田明編『「慰安婦」問題の現在――「朴裕河現象」と知識人』三一書房

永井和、二〇〇〇／二〇〇七、「陸軍慰安所の創設と慰安婦募集に関する一考察」『二〇世紀研究』創刊号／永井和『日中戦争から世界戦争へ』思文閣出版

西村眞悟、二〇一三、「歴史戦争への我が一撃」『正論』、二〇一三年八月号

能川元一、二〇一六、「『帝国の慰安婦』における資料の恣意的な援用について――千田夏光『従軍慰安婦』の場合」前田明編『「慰安婦」問題の現在――「朴裕河現象」と知識人』三一書房（初出は能川元一、二〇一五、「千田夏光『従軍慰安婦』は『帝国の慰安婦』においてどのように援用されたか」『季刊 戦争責任研究』第八五号）

朴裕河、二〇一四、『帝国の慰安婦――植民地支配と記憶の戦い』朝日新聞出版

山口智美・能川元一・テッサ・モーリス-スズキ・小山エミ、二〇一六、『海を渡る「慰安婦」問題――右派の「歴史戦」を問う』岩波書店

●特別掲載

「異なる空間」と「異なる政治」——山城知佳子の『土の人』について

レベッカ・ジェニスン〔池内靖子 訳〕

はじめに

沖縄を本拠とする、主に映像や写真作品を制作している山城知佳子は、一〇年以上にわたって、観客がこれまで知ることのなかった沖縄を見、聞き、感じさせる、革新的な作品を生み出し続けてきた。アーティストの新作『土の人』は、三八カ国から参加したアーティストたちの何百もの作品にまじって、あいちトリエンナーレで初めて展示されたものであるが、大胆かつみごとに私たちをもう一つの想像の旅に連れだす。山城の以前の作品で見られる風景や作品の題材となる沖縄の特定の場所、辺野古や白川のフリーマーケットだけでなく、済州島のカンジョン村で建設された海軍基地にも私たちを運ぶ。その映像の他の場面は、「ベトナム戦争」(ベトナムではアメリカの戦争として知られている)の米軍の記録映画から採録されたもので、東南アジア地域にも私たちを連れていく。そこは、沖縄の戦争の記憶とトラウマや「戦後」と取り返しのつかない改変にも通じる様相がある。しかし、山城の『土の人』を観る体験は、ドキュメンタリーやナラティブ映画を観ることとは全く異なる体験だ。『土の人』において、山城は、視覚的なイメージ、映像モンタージュ、パフォーマンス、音楽や詩の大胆な使用によって、今まで見たことのない映像作品を提供し、新しいレベルの洗練の域に達している。

私は山城知佳子の映像作品を観るたびに、初期の作品についても、新作についても、「沖縄」についても、学ぶことが多い。すぐに「応答」したいと思いながらも、映像、音、照明、詩によって複雑に形成された作品の前で「ことばの喪失状態」に陥ってしまい、ことばという「物足りない」表現媒体で批評や論文を書くことなど不可能だと実感せざるをえない。宮田仁が山城知佳子の作品について述べているように、「一つの言葉に落とし込むことに対してこれほど頑強に抵抗してくる生きものはそうそうない、という畏れの感覚」（宮田仁、二〇一六、「アジア・政治・アート」プロジェクトＭＬ）がある。ここで、作品を観る経験の感想を切り口にしながら、私なりに前から注目されている山城作品に見られる二つの様相について述べてみたい。特に、山城知佳子の作品世界における美的様相とそれに内在している別種の「ポリティクス」について改めて考えてみたい。

Ⅰ　『土の人』を観る体験

私は『土の人』を観に名古屋へ二回行った。八月の猛暑の日だったが、名古屋の栄にある旧明治屋ビルの入り口までたどり着くと、まず、この展示スペース自体が「ホワイトキューブ」のようなメイン会場の展示空間と全く異なっていることに気づいた。古くて暗い迷路のような部屋や廊下を通り抜け、奥にある階段を上って、三階の奥に『土の人』が展示されている部屋の入り口まで行くことが一仕事だった。

高橋悠治の『カフカ・ノート』からの抜粋や、金時鐘の『再訳朝鮮詩集』、中里友豪、その他の詩人の言葉が配付資料に印刷されていた。真っ暗闇の部屋に入った後、三面のスクリーン上を映像が矢継ぎ早に、時に音響とともに、時に音もなく動いていくのが目に飛び込んでくる。真ん中のスクリーン上の一つの短いシークエンスでは、濃い赤土のなかに緑や黄色の穀物がみずみずしく成長している畑地を見渡せる。カメラ・アングルは、飛翔する鳥（あるいはもっと不気味なことに、ある種の空軍機）の目の眩むような眺望を暗示する。映画のコマ送りは早過ぎてストーリーは認識できないが、物語の脈絡を暗示するものがある。泥だらけの手をした一人の男が現れ、木の上の高い所にある大きな鳥の巣を見上げる。一、三秒後に、畑地の草を映し出すより長い場面があり、突然手と腕が雑草の中から伸び上がり、地面から生え出る植物のように、風に揺れる。他の人々の姿が現れる。黄色い泥で覆われ、彼らは地面に横たわっている（図像１）。

泥土の塊が地面や、寝転んでいる人々の上に落ちるときに、泥の塊がドサッと落ちる音が聞こえる。ある男は、まるで貝殻から海の波の音を聴きとるかのように、土くれ／泥／糞を耳に当ててみる。朝鮮語や、ウチナーグチ、日本語の歌や詩を語る声の音が聞こえる。

> 言葉は幾重にも重なり合い、ほとんど意味が聞き取れない言葉の集合体で、作品はノンバーバルに近い。充満する声が音楽のように紡がれ、幾つもの輪唱の渦のように鳴り響く。
>
> （吉田伸「抑圧に抗う民への賛歌」『沖縄タイムス』二〇一六年九月一日）

山城が、『土の人』を制作している間、神話的な鳥の糞の中に「詩の種」があると想像し、これらの種から、朝鮮語、ウチナーグチ、日本語で書いた詩人たちの詩を詠む声や音が発芽すると想像していたと、私は聞いたことがある。その詩人たちは、済州島の四・三の虐殺や沖縄戦で沈黙させられた犠牲者に声を何とか与えようとする詩人たちだ。視覚的イメージや、声、サウンドは、一つの全く並はずれたイメージにともに結集し始める。超現実的で、同時に、身体的な体験を通してリアルに「感じられる」。視覚的イメージは拡張するようにみえ、壁の上の二次元的なイメージから、展示スペースの私たちを取り囲む多次元の「物質」に変わる。

場面は移り変わる。はっきりと思い出せないが、山城の前の作品で見た場面のショット——『アーサ女』の辺野古の沖のシーンや、『肉屋の女』の舞台の一部となる白川フリーマーケットもあった。それに、済州島のカンジョン村や海軍基地の周辺に生活している人々の姿も写っている。途中、泥まみれの人びとのうちの一人が地下の洞窟に転げ落ちる。その洞窟は、『肉屋の女』や、『創造の発端』で見られた、湿った、水滴の滴るような洞窟よりはずっと乾いている。そして依然として、その地下の世界は、人の姿を包んでいるように見える、まるで彼らが一つの大きな体の内部にあるかのように。吉田伸はその場面を次のように書いている。

『土の人』は息遣いが荒く、くぐっていく。洞窟は時間も空間も超えられる通路のように思える。出口が見えてくると、作品で初めて意味を伴った言葉が聞こえてきた。低い男性の声がとつとつと一編の詩を読む。「ボゴぼご……」言葉の音と意味、「母語」は、その詩人の声に溶け込むようにみえる…朗読しているのは、実際の作者で詩人の中里友豪。中里は朗読だけではなく、老齢の男性も演じる。詩を読み終えた中里が穴から顔を出すと、ボゴぼご、という音はボンボンボンという着弾音に変わっていく。

（吉田、前掲）

泥まみれの彼らの顔、これら土の人びと（あるいは、吉田の言うように、彼ら精霊）は、今や塹壕の中に自分たちがいるのを知り、頭上を飛ぶ砲兵射撃の光が絶え間なく充満する空を見上げるのである。沖縄とベトナムの戦闘を撮った米軍の記録映画からのクリップの連続（モンタージュ）を彼らは目撃しながら、大砲の射撃音を恐怖におののきながら聴く。その瞬間、私は彼らとともにこれらの映像を見ていると感じ、まるでニュース映画から見る離れた交戦地帯ではなく、ほとんど私がその場にいるかのように感じたのだった。

ここでは、山城のサウンド・デザインと音楽の実験が、特に強烈な、インパクトを生み出している。泥まみれの人びとの上、空気を切り裂く激しい兵器の金属音のビートに合わせて、映像はリズミカルに動く。やがて、私たちは、これらが、電子音ではなく、人の肉声でみごとに模倣したものであり、微妙に戦闘の爆音を変更するものでもあること、ヴォイス・

パーカッション・アーティスト（沖縄を本拠とする在日のアーティスト、金城峻）によって生み出された音であることに気づかされた。山城は、パフォーマーたちの肉体と声を使うことによって、交戦地帯の音を音楽に作り変え、みごとに再領有化する。

最後に、一人の土の人が目の眩むような光の中へ歩み出ていく。カメラが白いテッポウユリの咲き乱れる野原をパン（カメラの向きをゆっくり移動）するにつれ、静けさにつつまれる。あでやかな白い花がスクリーン上に焦点を当てられ大写しになったり、遠ざかったりする。またくり返し、私たちは、土にまみれた、オフホワイト（暗黒舞踏の特徴的な「白塗り」を示唆する）の顔の人々が無数のユリの花の間に横たわっているのを見る。一つ一つ、彼らの手や腕が、花をつけた苗が咲き始めるように、上に伸びる。それらは空へ向かって伸び、いくつもの手が拍手を始める（図像2）。また、吉田はこの場面を次のように書いている。

ラストシーンは、伊江島のテッポウユリの大写しで圧巻だ。大輪のユリの間から、人間の手が次々と生えだし、クラッピング・ミュージック（手拍子音楽）が力強いリズムを刻む。ユリが生える大地やそこに生きる人々を讃えているようだ。
（吉田、前掲）

サウンドとリズムは、生き生きとした音楽の抑揚で高まってクレシェンドの最高潮に達し、民謡やフラメンコ音楽のように響き、ギャラリーのスペースにくまなく反響する音楽に聞こえた。

『土の人』のなかの土地や土壌に結びついた多様なメタファーやイメージは、山城が継続して抱えている多くの関心事と交差し共鳴する。アーティストへの吉田のインタビューによると、そこに住んでいた人々から奪われた土地／大地に対する思いがある。山城は、「生まれたら自分たちの土地が奪われていた」と述べている。沖縄の土地の過去の歴史、とりわけ、沖縄戦が闘われた場所に関わって、彼女は、沖縄戦後、みずみずしく生い茂る穀物があったが、人々はほとんど飢え死にしそうだった、と説明している。

食べ物がない餓えの時代。人々は戦場だった土に実った食べ物を誰かの死を思いながら泣きながら食べたと思う。死者に生かされているという実感、悲しむだけでなく、『生きる』という決意があったのではないか。
（吉田、前掲）

ここで思い出されるのは、済州島に起こった一九四八年の虐殺の後に続く状況と関連するライブ・パフォーマンス作品、琴仙姫の *vegetation*（**2010**）（植物の増殖）である。虐殺の翌年に豊作のじゃがいもを地元の人々は、虐殺された被害者

図像１　山城知佳子『土の人』（2016）
協力：あいちトリエンナーレ 2016
3 面、ハイヴィジョン・ヴィデオ・インスタレーション、23 分

図像２　山城知佳子『土の人』（2016）
協力：あいちトリエンナーレ 2016
3 面、ハイヴィジョン・ヴィデオ・インスタレーション、23 分

図像3　山城知佳子「Garden Talk」(2007)
ラムダプリント、203 × 254 cm
©Chikako Yamashiro,
Courtesy of Yumiko Chiba Associates

図像4　山城知佳子『肉屋の女』(2012)
3面、ハイヴィジョン・ヴィデオ・インスタレーション、21分15秒
©Chikako Yamashiro, Courtesy of Yumiko Chiba Associates

の死体が腐敗することによって肥沃な土に大きく実った野菜であると知っていて、どうしても食べられなかったと云われている。（琴仙姫のアーティスト・ステートメント、*vegetation*（2010）より）

既述したように、宮田仁もまた、山城の作品が人を動かさずにはおかない理由を説明するとき、「生きもの」にたとえながら述べている。さらに、『土の人』は、今までの山城作品に比べれば、「新しい生きもの」のようになり、「新しいジャンル」を作り出しているかもしれないという。

三面スクリーンの映像が、ひそやかで、時に耳をうばう音声とともに、生きものの呼吸し変化するリズムで現れ消えてゆく。そこに登場する泥まみれの人びとが何を見、何を聞いているかは、とりあえずの物語が想定できたとしても、それをはみ出し飛翔する鳥類の自由さと不可解さがつねにありつづけることを証しだてるかのように、聞きとりがたいけれど豊穣な記憶の声を空から唐突に落とすのは鳥の糞なのです…この呼吸する三面スクリーンは、従来の映像インスタレーションはもとより…自身の『肉屋の女』とさえ異なる生きものとなり、新しいジャンルを創設するどころか、それさえも軽々とこわし脱皮してゆく予感に満ちています。
（宮田、二〇一六）

宮田が主張しているように、『土の人』は山城作品における「異なる生き物」や「新しいジャンル」になっていると私も思う。一方、これまでの山城作品に現れる様相も引き継がれている。山城の作品が非常に圧倒的な力をもって一貫して官能的で美的な体験を創り出し、同時に、複雑に織りこまれた歴史と継続する諸闘争に対する新しい洞察力を私たちに与えながら、私たちを「記憶の場所」へと運んで行く。新城郁夫は、前者について、山城の作品を観る体験を、次のように説明している。

見る方はとても戸惑うわけですが、逆にいうとそれは心地良い体験でもあると思うんですね。沖縄を説明しないで、画面の内と外に溢れだすような、物質としても見たことも聞いたこともない沖縄が感じられる瞬間があります。
（新城、二〇一二：五九）

新城がここで述べている、作品の前で感じさせられる物質的な感覚《センセーション》の瞬間は、山城の作品のポエティクス・美学の中心的な要素であると言えるだろう。同時に、山城の作品は、歴史や現在において、争われている「記憶の場」、あるいは「黙認の場」を取り上げることによって、別種の「ポリティクス」を提言していると思われる。新城は次のように述べている。

もちろん、山城さんの作品をすぐに沖縄の戦後史に重ねる必要は全然ないですが、でもクロスしていると思うんですね。生きる空間を奪われたその場所に黙認しあい、ともに生きていく空間を創造していくアートの力を山城さんの作品に感じます。
(新城、二〇一二：五九)

私が本稿で考察したいのは、山城の作品にくまなく織りこまれ重ねあわされたこれら二つの様相である。続く節では、浅沼敬子と鈴木勝雄による最近の批評に拠りながら、山城の以前のいくつかの作品を見ておこう。最後に、山城のアートがどのように新しい種類のポエティクス／ポリティクスの空間を創り出しているかについて、ジュディス・バトラーが論じている「連合する身体」と「公的空間」と関わらせて考えてみたい。

Ⅱ 自然のモチーフと「肉感」的性質：浅沼敬子の論考を巡って

浅沼敬子は、山城知佳子の映像作品の魅力を理解するために「それらの『肉感』的な性質」が一つの鍵となると主張している。同時に山城の作品界に「自然のモチーフ」が貫いているという。最初期の山城の作品からそのモチーフをたどりながら、植物、木々、土壌や他のさまざまな形の植物の増殖のイメージをアーティストが拡張して用いていることを分析している。浅沼は「比較的マイナーなモティーフ、植物」に焦点を当てながら、沖縄の土壌、人や歴史の関係性と後の作品に現れる「他者の記憶、異世代の記憶の継承というテーマ」と関連していることを指摘している。(浅沼、二〇一六：一一二)ここで、主に『border』(二〇〇二)や『コロスの唄』(二〇一〇—一二)の考察に触れながら、それらの作品と『土の人』との関連を探ってみたい。

『border』(二〇〇二)を読みながら、浅沼は、アーティストの作品の前半ではカメラの眼が植物の増殖、さとうきびの耕地や他の沖縄原産の農作物に焦点を当てていることに注目する。カメラはまた、亀甲墓の前の庭、あるいは沖縄で見られる伝統的な墓地、そして増殖した植物のなかを動きまわる女の足の驚くべきイメージを取り入れる(図像3)。

映像の後半ではカメラは、米軍基地のフェンスによって創り出された土地や水域を分かつ「境界線」をたどる。アーティストの後期作品に現われるような、大地の開口部、洞窟の通路でカメラが停止するビデオの瞬間はもちろん、前半の自然のモチーフや墓地と後半のフェンスによって分断された様々な空間との間にある著しいコントラストに浅沼は注意を促す。浅沼にとっては、植物増殖や、森、大地(洞窟)とフェンスによって自然な環境に押しつけられた「不自然な」境界線をこのように併置することは沖縄の歴史との関連に導くものでもある。

この森の場面は、沖縄戦の悲劇を暗示する。それによって、森の深みから光を浴びる植物への視線の移動が、沖縄の歴史をものがたることになる。（浅沼、二〇一六：一一四）

浅沼には、これら農作地と墓地の結びつきは、共に「死去した祖先を含む共同体メンバーとの連帯」を想起させるもので、同時にアーティストの後期の作品に再び現われるテーマでもある。とりわけ、洞窟の入り口前でカメラが停止する瞬間は、沖縄の歴史と発火点のようなものだ。

この洞窟の映像の挿入によって、沖縄の自然風景の「詰め合わせ」のように見えていた本作が、全体として歴史性を帯びる。沖縄の土壌が何を内包しているのか、そこで植物が育つとはどういうことか、想像する側は緊迫した心持ちに襲われる。生きた植物でありながら、意味的に死を孕む画像は、墓前で死者への接触を試みる後続の山城の映像と、意味的に連関していくのである。（浅沼、二〇一六：一一五）

浅沼はさらに引き続き、自然と人々、死と生の連関を示す作品のうちで「最も詩的」に体現する『コロスの唄』（二〇一〇―一一）に対し精密な読みを提示している。（浅沼二〇一六：一一八―九）

上述したように、浅沼は、『border』の映像を読みながら、山城の一つの問いが浮上するのをとらえる。つまり、「沖縄の土壌が何を内包している」のか？『コロスの唄』（二〇一〇）のスティール写真をよく見ると、「女性の肉体は大地から出てくるように見え」、その身体はまず、断片として表面に現れてくるという。同シリーズの後のバージョン（二〇一二）では、女性のイメージが再び現れ、「その女性が死者なのか生者なのか、そもそも『人間』なのか、土壌の一部なのか、判断がつきにくい」と指摘している。

後の映像では、青々とした草の葉の映像と老女の姿が並置されることで…植物（生）が老女の眠る土（死）から、養分を受け取ることで、その生を謳歌していることが、視覚的に示される。ここで植物は死と生の連関、継承の象徴なのである。（浅沼、二〇一六：一一九）

同時に、それは生と死の単なる連想ではなく、くり返し、浅沼がまた私たちに注意をうながす「記憶の場所」に関連するものである。浅沼自身が注意するように、作品を体験し評価するためにそれらの写真が撮られた場所の位置を知ることは必要ではない。しかしながら、そのイメージの半数が摩文仁や、糸満、平和公園で撮影されたと知るとき、このことはその作品に対する私たちの理解と体験にもう一つの次元を加えることになる。浅沼は次のように書いている。

沖縄戦直後に累々と遺体が積み重なっていたであろう摩文仁の丘には、いまでは植物は繁茂する…自然はどの土地でも生命の循環によって成立するのかもしれないが、この場所ほど、この循環の切なさが胸を打つ場所はない。山城がその作品によって行ってきたのは、人間の歴史と自然が混然となったこの土地の声を聴き、その自然を扱うことで、人間の歴史を掘り起こすことだったとも言えるだろう。

（浅沼二〇一六：一二一）

浅沼の議論は私たちをポエティクス——山城作品の肉感的性質——という問いと、これらが別種のポリティクスに関連するやり方へ立ち返らせる。次の短い節では、山城の作品における場所への問いを考慮するために、「黙認の場」、または「葛藤の空間」の重要性に対する鈴木勝雄の分析に焦点を当てよう。

Ⅲ 「葛藤の空間」と「黙認の場」：鈴木勝雄の論を巡って

キュレーター、鈴木勝雄は、彼の論考「葛藤する空間：『黙認の場』からの問い」において、山城が作品で掘り下げる特定の場を優れて独創的に解釈していることについて焦点を当てて論じている。彼が注目するように、山城の作品は、「脆弱な身体」のイメージを中心に構築されている。同時に、これらの身体は、現在も依然として「葛藤の空間」であり、複合的な歴史と権力関係によって特徴づけられた特別な場所に位置づけられている。鈴木にとっては、山城の創造的な実践の重要な要素は、彼女がそれらの場所の地図を解釈し更新するやり方であり、それによって私たちが別の異なるやり方でそれらの場所を想像することが可能になるということだ。山城の「独自の歴史地理学的想像力」が、いわゆる「黙認の場」と彼女が呼ぶもののなかで集中的なフィールドワークを絶えず遂行させ、その実地調査をパワフルな映像作品へと翻訳することを可能にするものだ（鈴木、二〇一六：一五三—四）。『循環する世界』におけるアーティストのインタビューで、黙認耕作地というタームによって、山城はどのように作品の中で海岸線を黙認浜として思考することが可能になったか、その後、どのように『アーサ女』と『肉屋の女』に引き継がれたかということを詳しく説明している。鈴木のアプローチによって、『土の人』においても山城がいかに私たちに地図を想像し直させ、描き直させるよう求めているのかを理解することができる（図像4）。

鈴木は、山城が「黙認の場」を追求し始めるきっかけとなった作品である『黙認浜—浦添市イバノ海—Complex.1』（二〇〇七）について触れている際に、その浜でアーティストが出会った人々に注目している。「負を伴う」米軍基地フェンスの周辺に「法や規範から一時的に解放されるような」空間が創出されていることや、その場に「山城はわずかな希望を見だしたのだ」と指摘している。「黙認の場」という境界線で区切られ、監視される空間は、「自由な空間」と捉え直すことが可能になり、「…具体的な場所の読解を通して空間的秩序の反転を目論む山城の歴史地理学的な想像力のスタイルを形作っていくことになる」（鈴木、二〇一六：一五五―六）。山城の「黙認の場」は黙認浜で制作した映像作品から明確に現れるが、その後の作品（『アーサ女』（二〇〇八）、『黙認のからだ』（二〇一二）、『肉屋の女』（二〇一二））の重要な様相となっている。これらの作品に続いて、『土の人』に沖縄の「黙認の場」の映像クリップも含まれているが、さらに、済州島、伊江島、ベトナムへまで、山城の視野が広がっていると言えるだろう。

ここで、鈴木はミシェル・フーコーの「ヘテロトピア」という概念を導入し、山城作品を解説してもいる。もしフーコーが山城作品に現れる「黙認の場」を見たとしたら、「監獄、墓地、売春宿、植民地…庭園」など「周縁化されるような場所」――ヘテロトピア――と呼んだだろう、と鈴木は主張する。フーコーのヘテロトピアの空間と山城作品に描かれる「黙認の場」は、「異なる時間と空間が葛藤しながら共存する場」であり、特に山城作品の場合、「沖縄の植民地的状況を鏡として映し出し、同時に対抗的な共生の希望を差し出す」場である（鈴木、二〇一六：一五八）。

鈴木は主に『肉屋の女』の舞台の一部となっている「白川フリーマーケット」との関係を具体例として上げているが、考えてみれば、『土の人』に黙認浜や白川フリーマーケットの映像だけでなく、伊江島の黙認耕作地、済州島のカンジョン村を分断している海軍基地の周辺にある場やベトナムの風景まで描かれている。山城は私たちが私たちの五感を通じて体験するこれら「異なる場所」に私たちを連れ出すだけでなく、彼女はまた、それらの場所の多様に織りなされた相互関係を露わにする仮の地図を私たちに想像させもする。鈴木は次のように書いている。

> 山城の仕事…は、何よりも歴史性をともなう具体的な場所への感受性を高め、そこに集積された記憶に注意を払うことを促す…固定化した空間的秩序と単線的な時間軸を詩的に組み替えていく想像の契機をもたらすにちがいない。
> （鈴木、二〇一六：一六三）

これら「黙認の場」から私たちが汲みとれる教訓は、私たちが絶えず「現実の中にこのような小さな抵抗の拠点」を見出し探し求め、それらを創り出し維持し続けなければならないということである。山城の作品が触発するそのように創造的な対話を通じて、「見知らぬ土地の見知らぬ他所との時空を超えた共同主観性を想像・創造できるようになるのではないか」（鈴木、二〇一六：一六三）。

Ⅳ 「異なる政治」と「連合する身体」

本論で示そうとしてきたように、山城の作品は、想像豊かで感受性に富んでいるものであると同時に、空間的、時間的秩序を転倒し再配置するような、重層的な体験を観客に提供する。一方では、これらの作品の美的な魅力は、浅沼が示したように、肉感的な性質をもつと特徴づけられる。同時に、山城作品の場や舞台となる、実際の「記憶の場所」は、政治歴史的重要性をもっている。『肉屋の女』をめぐる座談のなかで、近藤健一と新城郁夫は、アーティストが新しい見方で私たちに見ることを助け、いかにこれが「異なる政治」への誘いと理解されうるかについて論じている。新城と近藤がいうには、山城知佳子の作品は「出来合いの政治『的』」言説あるいはそのように見られがちなアートの枠に回収されることを免れる力がある。新城は次のように述べている。

…山城さんの作品は見終わった後に、山城さんと一緒に沖縄がわからなくなる瞬間を迎えるという気がするんです。(そこで) 別の政治が生まれるんです…その政治というのが、いわゆる政治的なものから免れていくことが重要だという気がしているんですね。この場合、免れていくのは、身体でこそ政治が生きられるということと関わります…山城さんの作品のなかの身体が、ひとりの人間によって所有されて全体性を持つ確固としたものではないという気がする…いったん分断された身体を、もう一度再配置する流れを山城さんの作品には感じます。

(新城、二〇一二:六〇—一)。

ポエティクスと「異なるポリティクス」を結びつける山城の方法に対する一つの説明、あるいはその方法の源泉は、彼女が制作のなかで喚起する場所の彼女自身のフィールド・リサーチであるといえるだろう。インタビューやアーティスト・トークのなかで、彼女はそれらの場所における自分自身の生き生きとした体験にしばしば言及している。彼女の制作のなかでそれらを撮影することに導いたのは、黙認浜や白川マーケットの黙認の空間のなかで「(立ち入り禁止を) 見て見ぬふりをしている」人々との彼女の出会いだった。彼女が『アーサ女』を撮影し、演じているように、自発的な決断とアクションが、彼女に辺野古で「海底の、目に見えない境界を越え」させ、立ち入り禁止区域とみなされている海域へ侵入させたのである。『創造の発端』のアーティスト・ステートメントで彼女が説明しているように、親戚が経営する養鶏場を訪ねたことで、『肉屋の女』と、今や『土の人』に見られるような肉のイメージの——生命、死、再生——といった観点を発展させることができた。『土の人』の制作のための実地調査は、伊江島や、済州島まで彼女を出向かせた。また、あいちトリエンナーレのトークで説明したように、カンジョン村で五メートルのコンクリートの壁を見た瞬間に、辺野古で建設予定している一〇メートルの壁がどんなものになるかを実感した。アーティストの創造的なプロセスの一部には、これら現場のロケ地で彼女が体験した、身体全体に響くような感覚と知覚をその制作の視覚的／パフォーマティヴ（遂行的）／聴覚的要素へ「翻訳すること」が必然的に含まれる。

ここで私が興味を引かれるのは、もう一つ別のことで、山城がまた、彼女の現場「調査」のなかにアクティヴィズムの場と時を、包含するようにみえることである。山城は「芸術作品」からそのような形のアクティヴィズムや、政治的パフォーマンスを排除しはしない。むしろ、彼女の制作において創造的なジレンマを解決するために政治的抵抗の身振りや、瞬間、行為、位置に頼りさえする。二〇一三年のアーティスト・トークのなかで、『肉屋の女』の最後の場面は、部分的には、米軍の輸送ヘリ——皮肉なことに略奪的なトウゾクカモメに因んで名づけられた——オスプレイの再配置に対する抗議活動に彼女が参加することによって触発されたと説明している。その作品の最終場面では、肉屋の女たちは、鍾乳石が肉や爪のように天井からぶらさがり、水滴を滴らせている鍾乳洞のなかをくねくねとめぐっていく。女たちは洞窟をくぐり抜け出て海へ入り、海水の表面に浮上するにつれ、ついに一緒になり、抱き合い、群がっていく。オスプレイに抗議するデモに参加した時、参加者たちが警察に逮捕され、引き抜かれているとき、山城は、年上の、もっと経験を積んだデモ参加者の隣に居あわせたことを説明している。彼女はどうしたらいいのかとその人に訊ねたところ、彼の反応は、「最善の抵抗法は、力を抜いてぐにゃっとなることだ」ということだった。この「ぐにゃっとなる」という肉体的身振りや感覚が、彼女が映像の最終場面を構想するのに役立ったのである。

同様に、あいちトリエンナーレのオープニングで、『土の人』についてのトークのなかで、山城は、デモ参加者（また、その多くが老人である）が基地に建設資材を運び込むのを阻止する非暴力的な抗議集会のなかで、キャンプ・シュワブのゲート（辺野古）正面の地面に横たわっているところを撮影した短いビデオ映像を見せてくれた。しかし、池内靖子が述べているように、「その映像がそのまま作品に取り入れられるのではなく、思いもかけない形でみごとに再構成、表現されていた。ユリの花畑の土の中から何本もの手がにょきにょきと出てきて、拍手し続けるエンディング、圧巻の場面である」（池内、未発表の『土の人』評、二〇一六年一一月八日）

一見無意識の身振りのなかで、抗議参加者たちは、彼らの両手を体の上に高く上げ、一致してぱちぱちと拍手しながら沖縄の民謡や抵抗歌を歌い始めた。この瞬間に触発されてアーティストが、『土の人』の最終場面に「クラッピング・ミュージック」を組み込むことにしたことは明らかだ。

ここで、視覚文化とアクティビィズムの関係について書かれている論文集を紹介したい。『センシブル・ポリティクス』

の趣旨として「アート作品とNGOポリティクスの間の対立を拒否し、代わりにそれら相互の重なりあいを分析する」ことと説明している。(*Sensible Politics*, 2015: 9) まったく異なる文脈ではあるが、そのなかで、ジュディス・バトラーは、「連合する身体と街路のポリティクス」について書いている。私が驚かされたのは、バトラーの議論がある意味で山城の作品と響き合うところがあり、双方に洞察を提供できるということである。抗議活動を遂行するために公共空間に一緒に集まってくる人々の「身体群」、アメリカ合衆国で二〇一一―一三年に起こったオキュパイ運動や市の広場の運動や、アラブの国々のいくつかの都市における人々の身体についてバトラーは書いている。彼女が私たちに思い起こさせるのは、これら「連合する身体」は「争われる公共空間」ともいうべきもののなかへ一緒にやってくるということだ。彼女は次のように書いている。

> これらの群衆が集まる時、その空間のまさに公共的な性格こそが争われつつあるということを私たちが見損なうならば、これらの公的な示威運動のポイントの重要な部分を見逃すことになる。(Butler, 2012: 125)

同時に、人々が集まるこれらの争われる空間のなかで、彼女は、これらの連合する身体が彼らが集まった空間を変える効果をもたらす現象に注目する。

> 新しい空間が創り出される、一つ一つの身体の「あいだ」が、新しい連合のアクションを通じて、あたかも既存の空間に対して要求するかのように創り出される。そしてそれらの身体は、それらの身体が意味を再請求し、再表明するまさにその行為において、それら既存の空間によって捉えられ、活気づけられるのである。(Butler, 2012: 125)

本稿で私たちが見てきたように、山城は、彼女のアートを通して観客に――非常に想像的で詩的な方法で、私たちが今や「葛藤の場」・「黙認の場」であると理解する場所を想起させる。バトラーの用語では、これらの空間はまた、「公共的」であり、(あるいは、沖縄や済州島の場合のように)「不安定な」、半公認的空間、生来の土地と軍に支配された土地の間の境界線に基づく、マーケット、カフェ、未開発の海岸線、水域といった様々な空間であることを思い出すことが重要である。同時に、「不安定な身体」は、かれらから奪われてきたものを再生することができるそれらの空間で半合法的に生計を立てわずかな所持金を作り出そうとするのである。この暗喩を拡張するなら、私たちはまた、コロスのなかの死者の霊のその不安定な声や身体、一つのメロディ、そして『土の人』もまた、国家中心の歴史的なナラティヴが消し去ろうとする様々なストーリーや歴史を半合法的に再生し歌い直そうとしていると言うことができるだろう。

山城知佳子のユニークで想像的な、美的プロセスは、私たちの意識全体を覚醒するものだと言えよう。この共感――ポエティクス――を通じて、身体（生きているものと死者の霊の両方）と他の生きものたちが共存している空間はある意味で私たち自身の「肉感的体験」に刻印されている。このように、「異なる空間」のポエティクスを体験するよう私たちを誘うことによって、山城はまた私たちに「異なる政治」へ向かう道へと手招きしているのである。

参考文献

浅沼啓子（二〇一六）、「循環する世界――山城知佳子における自然モティーフ」浅沼啓子編『循環する世界：山城知佳子の芸術』ユミコチバアソシエツ、東京

新城郁夫（二〇一二）、「開かれた傷：山城知佳子が映し出すもの」『山城知佳子』ユミコチバアソシエツ

鈴木勝雄（二〇一六）、「葛藤する空間：『黙認の場』からの問い」浅沼啓子編『循環する世界：山城知佳子の芸術』ユミコチバアソシエツ

宮田仁（二〇一六）、「アジア・政治・アート」ML上のコメント、九月二八日。

山城知佳子（二〇一六a）、「山城知佳子――自作を語る」浅沼啓子編『循環する世界：山城知佳子の芸術』ユミコチバアソシエツ

――――（二〇一六b）、「遠ければ遠いほど届くこともある：伝えがたい声をイメージの塊に託して」『美術手帖』一一月号

吉田伸（二〇一六）、「抑圧に抗する民への賛歌」『沖縄タイムス』九月一日

Butler, Judith (2012), "Bodies of Alliance and the Politics of the Street," *Sensible Politics: Visual Culture and Nongovernmental Activism*, eds. Meg McLagan and Yates McKee, Zone Books, New York

●特別掲載

辺野古、高江で今
高里鈴代（基地・軍隊を許さない行動する女たちの会、共同代表）インタビュー

聞き手―秋林こずえ

一九九六年四月に日米両政府が米海兵隊普天間飛行場（宜野湾市）の五年から七年以内の全面返還を発表してから二十年以上が経過した。しかし返還は未だに実現せず、現在も米軍は普天間飛行場を使用しているばかりでなく、二〇一二年十月には沖縄の人々の強い反対を押し切って、安全性が疑問視されている新たな輸送機、オスプレイを普天間基地に配備し、機能は強化されている。

普天間飛行場の「返還」の条件としての「移設」の候補地となった米海兵隊キャンプ・シュワブがある名護市辺野古では、一九九七年ごろから住民の反対運動が続けられている。一九九七年に名護市は「移設受け入れ」の可否を問う住民投票を実施し、過半数の住民が「移設受け入れ拒否」とするが、直後に比嘉鉄也市長（当時）が受け入れを表明する。一九九八年には県知事選挙で条件付き受け入れを公約とした稲嶺恵一が当選し、また一九九九年には岸本健男名護市長（当時）がやはり条件付きで移設の受け入れを表明した。

その後も反対運動は続いている。二〇〇四年には、建設予定地とされたシュワブ沖での海底ボーリング調査が開始されるが、海上のやぐらでの座り込みなどの非暴力運動によって調査は二〇〇五年に中止された。

しかし二〇〇六年の日米安全保障協議委員会による「在日米軍再編のロードマップ」では辺野古を移設先とし、さらに海を埋め立ててV字型の滑走路を建設することに日米政府が合意したとされた。二〇〇九年に民主党が政権を取り、「最低でも県外移設」と表明した鳩山由紀夫が首相となるが、二〇一〇年の日米共同声明では二〇〇六年のロードマップでの合意とさらに二〇一四年までに辺野古に建設することが確認された。

二〇一二年に自民党が政権に返り咲くと、辺野古での建設に向けての行動が加速した。これを阻止するために二〇一四年七月からはシュワブ沿岸でのカヌーや抗議船による海上での行動とキャンプ・シュワブのゲート前で座り込みが始められ、現在でも続いている。このような運動に対して、ゲート前では当初、民間警備会社のALSOKが対応していたが、その後、警察や機動隊が配備され、非暴力の座り込み運動が暴力的に「排除」されるようになり、負傷者も出ている。また海上での行動には海上保安庁が取り締まりにあたり、こちらでも一人乗り手漕ぎのカヌーを重装備の高速ゴムボートに乗った海上保安官が転覆させるなど暴力をふるっていることが報告されている。

沖縄県北部の東村と国頭村に広大な面積を擁する米軍北部訓練場はジャングル戦闘訓練が行われてきた基地だが、ここも一九九六年に一部返還が日米両政府によって発表された。しかし、その中の東村高江に六つのヘリパッドの建設が計画されていることが明らかになる。二〇〇七年には防衛施設局がヘリパッドの建設工事に着工し、これを止めるための座り込みが始められ、続けられている。この間にも工事は進行し、さらにヘリコプターのための着陸帯（ヘリパッド）が実はオスプレイの着陸帯であることが判明した。二〇一四年には二つの着陸帯が完成し、二〇一五年からはオスプレイが飛行訓練を開始している。二〇一六年六月にはさらに残りの四つの着陸帯を建設するために、座り込みが強制的に排除された。このため座り込みの運動をさらに大きくし、建設資材や重機などの搬入を阻止しようとしてきた。座り込みの人数は数十人、多い時には二、三百人になるが、日本政府は機動隊約五百人を全国から集め、激しい「排除」を行い、こちらでも負傷者が出ている。

基地・軍隊を許さない行動する女たちの会は、一九九五年に国連の第四回世界女性会議（北京会議）のＮＧＯフォーラムに沖縄県が組織して参加した女性たちが中心となって、同年九月に起こった米兵三人による少女に対する性暴力事件への抗議活動から発展して立ち上げられた。沖縄のフェミニスト平和運動である。フィリピン、韓国などのアジアの他の米軍駐留地域のフェミニストたちとの国際的なネットワーク構築し、安全保障の脱軍事化を目指す活動も行っているが、沖縄県内での平和運動での役割も重要である。共同代表で元那覇市議の高里鈴代は、沖縄の平和運動の連合である平和市民連絡会（沖縄から基地をなくし世界の平和を求める市民連絡会）などでも共同代表を務めている。辺野古と高江の座り込みにも、在住する那覇市から通い、運動の最前線に立っている。本インタビューでは、現在の辺野古と高江での基地建設反対運動について聞いた。（聞き手―秋林こずえ）

辺野古での新基地建設反対運動の二十年

辺野古での新基地建設反対の運動はすでに二十年に亘っています。一九九七年に名護市が普天間基地の移設を受け入れるかどうか、という住民投票を行って、それから現在まで運動は続いているわけです。実際には住民投票の前からスタートしていると思っていい。というのは、辺野古の「命を守る会」（ヘリポート建設阻止協議会・命を守る会）もその頃生まれたし、ヘリ基地反対協議会（海上ヘリ基地建設反対・平和と名護市政民主化を求める協議会）の立ち上げも住民投票の前ですから。そして住民投票では名護市民が基地の受け入れを拒否する姿勢を示しました。それが一九九七年です。

でも、それ以前の一九九五年、一九九六年が新基地建設反対運動の本当のスタートですね。一九九五年十月に八万五千人が集まった県民大会がありました。それは一九九五年九月の米兵三人による少女への強姦事件に対するものでした。

特に辺野古で二十年間、続けられている活動は、沖縄のこの二十年の歩みです。この二十年の間「沖縄の負担軽減」が言われてきた。「普天間基地は市街地にあって危険だから」と、辺野古への普天間基地の移設の話が出てきた。あるいは、北部訓練場の半分を返還するという話が出てきた。これは一九九五年の事件を受けて日米両政府が立ち上げた「沖縄に関する特別行動委員会（SACO）」の二つの目玉でした。その背後には、一九九五年の沖縄の人たちの「もうこれ以上、耐えられない」という意思表示がありました。しかし一九九五年までには、それまでの五十年間があったのです。一九九五年というのは戦後五十年ですよね。五十年に亘る米軍基地の存在によって発生する様々な暴力があり、その上に一九九五年の事件が起こったわけです。それまでの経験があったから、沖縄の県民から、もうこれ以上は許さない、と、あれだけの声が出たのです。

私が考えるに、日米両政府はそのような声を前にして、「これをこのまま放置していては大変だ」と考えたのでしょう。このままでは、アメリカの沖縄駐留の安定が維持できない、と。日米安全保障が揺さぶられるような経験をしたわけです。それで慌ててSACOを立ち上げた。

その目玉が普天間基地返還と北部訓練場の半分返還でした。よく見ると、普天間基地の返還は移設が条件だったわけですが。これ以外にも、実はSACO合意の中身には、当時問題になっていた「象の檻」（楚辺通信基地）の返還や、キャンプ桑江に建っていた巨大な米軍海軍病院の跡地も返還リストに入っていました。沖縄の声を静めるために、SACO合意によって負担を軽減しますと言ったわけです。

一九九五年はある意味で、出発点で、そこから二十年です。今年（二〇一六年）四月に二十歳の女性が強姦されて殺害されて、遺体が遺棄されたというような事件が起こりました。この事件の後、女性たちが中心になってキャンプ瑞慶覧司令部の前で「沈黙の集会」を開きました（五月二十二日）。そのときの記者会見で私は言葉に詰まってしまいました。「一九九五年に、あの時に本当に基地をなくしておくべきだった」とある女性がコメントしたのです。「あの時もっとちゃんとやっていたら、こういうことも起こらなかっただろう」

と。

　でも、一九九五年に女性たちはいろいろな行動を起こしました。強姦救援センター沖縄（REICO）を立ち上げたし、「基地・軍隊を許さない行動する女たちの会」を立ち上げました。しかしこの二十年間、日米政府は沖縄の声に応えるようにしながら、一九九五年の事件さえも、軍事強化のために巧妙に利用した。それで迎えた二十年だと思います。

　だから、今、高江に通い、辺野古に行ってキャンプ・シュワブ前で立ち続けている理由は、軍隊をなくしたい、というものです。軍隊の駐留が起こしてきた暴力を思い、軍隊をなくして基地をなくす、戦争の準備のための場所をなくすために立っています。もちろんジュゴンの生息する美しい海や高江の自然を壊してはならないという思いも持っています。またそこで生活している人たちの生活を破壊させない、とも思っています。でも大前提は、新たな軍事基地の拡大強化は認めない、というものです。

軍事力強化に利用された一九九五年の事件

　それまでの五十年間を振り返ると、絶えず目の前の大きな問題や課題に私たちは必死で抵抗してきた、そしてさらに二十年経った、という感じです。それは、日本政府の強引な決定や日本全体の国民の関心のなさなどとつながってくるのですが。例えば移設が受け入れられたら、それを何とか拒否する方法として、環境影響評価を問題にしたり、ジュゴンの保護をめぐる裁判を起こしたりしてきました。そうしているうちに、また同じような性暴力事件が起こり、またハッとさせられて、抗議をするというような具合です。

　性暴力の問題も、不平等な日米地位協定の下で軍隊が駐留を続けているという視点から考える必要があります。アジア太平洋地域の安全を守るために米軍の駐留が必要だと日本政府はいうけれど、その駐留の中身とは、日々の演習が行われ、集団としての軍隊がいるということです。基地の面積だけで考えていてはわからない。部分的に基地が返還されても駐留の規模は変わりません。現在では米軍と自衛隊もより緊密になっています。米軍が世界各地で行う合同演習に自衛隊が参加していますよね。軍事同盟は進展しているのに、それと矛盾する「沖縄の負担軽減」です。「沖縄の負担軽減」を枕詞にして、それを利用して、軍事強化が進められています。

　そして、フェンスの外では米兵が暴力を起こす。航空機の爆音も、フェンスの外で起こっていることです。演習はフェンスの中で完結するものではないのです。地図を見るとわかりますが、沖縄の中にある基地から基地へと飛ぶわけですから、沖縄は島全体が米軍基地なのです。そして日米地位協定で守られている兵士たちは、自由にゲートから出入りし、基地の中で安心して眠るのです。それが日本にある米軍基地の七四％がある沖縄の現実で、それが日米安全保障条約を維持しているのです。

　日米両政府がこの二十年間、「沖縄の負担軽減」を強調して、沖縄の声に応えているように見せながら、実はさらに巧妙になってきている。一九九五年は実はその出発点でもあります。辺野古への普天間基地「移設」にもオスプレイの配備が隠されていました。普天間基地は老朽化していたので、新しくしたかった。しかも新機種のオスプレイを配備したかった。高江は北部訓練場を半分返還して、世界自然遺産にするなどと日本政府が言い出しました。ところが、実際には返還される地域にあった七つのヘリパッドのうち六つを残る地域に移すと言うのです。「返還」というから、自治体の首長も含めて、みんな喜びました。ところが、ヘリパッドは移設するという。もうすでに十五個もあるのですよ。しかも単純に「移す」のではなく、ここでもオスプレイ配備が隠されていた。普通のヘリパッドは直径が四十五メートルですが、オスプレイパッドは七十五メートルです。そして通常のヘリパッドよりずっと強度のあるものを作らないといけない。こういう説明は「返還」が言われたときには一切ありませんでした。国会で追及しても、オスプレイについては全く出てきませんでした。

一九九五年の暴力に対して上げた声をうまく利用した対応だった、と改めて思います。一九九五年以降、沖縄ではどんな暴力に対しても沈黙しない、と声を上げ続けています。抗議もしています。なので、日米政府の対応も迅速になったとも言えます。性暴力事件に対しても、重大な事件として対応しているように見える。しかし、迅速になったのは、リスクマネージメントと捉えているからです。本当の解決にはなっていません。

暴力による事件が起こったときに、暴力をなくそうというのだったら兵力の削減や、具体的なオリエンテーションや、基地から兵士たちを出さない、などの対策ができるでしょう？　でもそういうものは一切ない。小手先の一か月外出禁止程度のものです。兵士たちが欲求不満になって士気にかかわるから、と言って、一か月程度で外出禁止を解いたのです。犯罪が起こされる度に「再発防止」といって出される対応策は本当に子供だましのものです。そして忘れたころにまた事件が起きる。対策も続けられない。一か月の外出禁止、夜間のリバティー制度（外出・基地外飲酒を制限する米軍の勤務時間外行動指針）などがありますが、これらはすぐに見直されて、解除される。それでは短期間で移動する兵士たちに対して何の効果もありません。六か月後には兵士たちは入れ替わったりしているのですから。

軍事的安全保障と駐留地域住民の安全

二〇〇五年に、冨田由美さんという仮名で、高校生のとき、一九八四年に三人の米兵にレイプされた経験がある女性が町村外務大臣（当時）に手紙を書きましたね。彼女は自分が被害にあったことを誰にも言わなかった。十年後の一九九五年に性暴力事件が起こったときに彼女は、自分があの時に訴えなかったことをとても悔いたのです。そのさらに十年後の二〇〇五年にまた性暴力事件が起きた。彼女は手紙に自分の被害の経験も書きながら、なぜ破壊と殺戮の訓練を受けている兵士が自由に、我が物顔に私たちの地域を歩けるのか、そういう環境を変えてほしい、と訴えました。軍隊の存在を問うたわけです。その手紙を東門美津子議員（当時）が外務委員会での質問で紹介しました。それに対して町村外務大臣は、被害に遭ったのは気の毒だけれど、と言いながら、米軍と自衛隊がいるから日本の平和は保たれている、そういう視点がこの手紙には欠けている、と言いました。米軍の駐留と基地によって人権侵害や暴力はあるけれど、それと全体の安全保障とは次元が違う、と言ったわけです。これは軍隊による暴力に対する認識を見事に表していると思います。基地があることによる事件や事故は、確かに起こります。そこで訓練をするのですから。訓練というのは、失敗をしながら準備を整えていくということなので、その過程では事故は起こりますよね。それがフェンスを隔てた私たちの目の前で行われているのです。

犯罪に関してもよく考える必要があります。よく「米兵による性犯罪は沖縄の人による性犯罪と比べてそんなに多いのですか」と聞かれます。比較できるものではないと思うのですが、その質問は、米兵も沖縄の男性も同じように見ているから出てくるものですね。でも、沖縄に駐留する米兵は、軍隊が長期駐留するために選定された地域に入れ代わり立ち代わりやってきて、一人前の兵士になるための訓練をされる人たちです。そしてアメリカの防衛という政策に位置付けられている人たちです。そのアメリカは「攻撃は最大の防衛だ」とかつてブッシュ大統領が言ったように、攻撃や侵略を防衛の目的としています。そのための訓練をしている生身の人間が駐留地域で暴力を振るったり犯罪を起こしたりするとしたら、それは単なる一個人の犯罪とみなすことはできないはずです。

軍隊を必要とする国家、軍事力を強固にしていくことが国の安全を保障すると考えている国家、つまり軍事主義の国家が、生身の人間をその体制に組み込んでいって、兵士に仕立てるわけで、その日々の訓練が行われているのが基地ですよね。生身の人間ではあるけれど、兵士たちはそのような国家の在り方を体現しているのです。

ですから、基地を鳥瞰図の視点から軍隊の配備として見るのではなく、駐留している地域に降り立って、フェンスを見て、そこで生活する人間の視点から見ると、それは限りなく加害性を持った存在になるわけです。

そこで最も直接的に暴力の被害を受けているのが、具体的には女性です。なぜなら、軍隊の組織は圧倒的に男性の集団だし、それだけでなく、軍隊に期待されている力を向けるターゲットが駐留地域の人々になるからです。その力はその地域で最も弱い人々、つまり女性に向かう。だから、戦後に沖縄で起こったすさまじいレイプは、決して七十年前の狂気というだけではありません。現在米軍が戦っているところ、イラクなどで起こっていることとつながっているのです。私たちは誰もそのような軍隊の駐留による暴力を受けていい存在ではないのだ、という立場から、私は基地だけでなく、軍隊の存在そのものを見るべきだと思っています。

「No, レイプ」、「No, オスプレイ」、「No, US bases」

二〇一二年にも性暴力事件がありました。これはテキサス州の海軍基地から七人の兵士が任務を負って、横田基地、沖縄を経由してグアムに行く途中、そのうちの二人が沖縄で犯罪を起こしたものです。その事件が起こったときに女性たちの集会を開き、私たちは「No, レイプ」、「No, オスプレイ」、「No, US bases」というプラカードを示しました。オスプレイによる被害は、沖縄に今、生きている者たちへのとても大きな脅威です。墜落する危険性と騒音は、みんなの生活に影響を及ぼします。「No, レイプ」というのは、具体的な被害についてのことでもありますが、それだけでなく、沈黙を強いられていることも示しています。それは歴史的にも非常に大きな暴力ですよね。そして、それの原因として、基地の存在がつながっていると考え、女性たちはこの三つをセットにして訴えました。

この事件では、軍事主義、アメリカのような軍事主義を必要とする父権主義社会、そして植民地支配が一体となっているのが基地であることがよく見えたと思います。その一体となっている沖縄にこの七人の兵士が来た。不平等な日米地位協定の改善を求めているのに、日本政府は運用改善で十分、とずっとこれまで言っています。日米地位協定によって兵士たちは入国管理法の対象になっていません。ですから駐留地域の住民は誰が来ているのか、まったくわからない。そこにこの七人は飛んできました。初めて沖縄に来るのだから、基地の中の宿舎に行くべきでしょう？　でもこの二人は基地外の民間のホテルに宿泊していました。私たちが基地のフェンスのあのオレンジのラインを一歩でも超えて中に入ったら、刑特法[1]ですぐ捕まるのに、彼らは自由に出入りします。出入りするだけでなくて、自由な空間が基地外で提供されているのです。兵士たちは基地外の住宅にこれまでも住んできたし、基地外のホテルに宿泊もしています。これらは周辺の地域への経済支援の一環でもあり、長期の駐留を安定させるための手段でもあります。軍用地料を支払う。基地外に豪華なマンションを建てる。民間のホテルに宿泊費を払う。そうすれば、沖縄の関係者たちは「基地寄り」にもなりますよ。これは日米両政府が基地を容認させるすそ野を広げる手法でもあるわけです。

この加害者たちは、横田基地から沖縄に二日間滞在の予定で飛んできました。そして、彼らにとっては沖縄全体が基地なので、ゲートから自由に出て、ホテルに泊まった。ホテルから出るのも自由ですよね。そしてコンビニに入って、女性に声をかけた。女性はそれを無視した。無視した女性について行って、マンションの駐車場に入った女性を二人で襲った。二人は、翌朝、グアムに向けて出発予定だったのです。沖縄に来たばかりでどうしてこれができたのか。女性が、ノー、と言って無視しても、それを無視とは認めず、追いかけて行って、襲って、お財布やバッグを奪いました。この二人は女性を襲った後、飲みに行っています。すぐ翌朝、グアムに飛び立てる、透明人間だから捕まらない、と思っていたのでしょう。が、あにはからんや、捕まった。彼らにとっては誤算だったことでしょう。

このプロセスは、駐留地域への深い差別を示しています。沖縄がどういうところか、という彼らの認識。彼らの感覚では、沖縄全体が米軍基地なのです。それから、日本の女性はレイプされても訴えない、とも思っています。これは一九九五年の事件の裁判でも出てきたことでした。また、沖縄タイムス紙でジョン・ミッチェル氏が報道しましたが、沖縄に来ると「外人パワー」を身につけることを知っている[2]。これらの情報が何らかの方法で兵士の間で共有されているのではないかと思います。

またこの犯罪を可能にしたのは基地外のホテルでの宿泊です。任務中なのだから基地内で宿泊し、夜も外出できない、というルールであれば、こういうことは起こりえない。でも、実態はそうではない。兵士の行動の管理はとてもルーズです。これが日米地位協定の実態であることをこの事件は明確に表しています。

兵士による女性に対する暴力と駐留地域

この七十年間、様々な変遷がありました。朝鮮戦争、ベトナム戦争、イラク戦争もあり、沖縄社会の変化もあります。しかし変わらないのは、ここに圧倒的な基地があることです。日本に復帰して日本国憲法が適用されるはずだったのに、米軍基地の存在は変わらず、軍隊の規模も変わらず、そこで様々なことが起こり続けているのが沖縄の状態です。ここに生きている人たちが米軍基地の存在によって受ける暴力は解決されない。しかも暴力の核となっているのは、女性が直接受ける性暴力で、それは変わらないどころか形を変えて存在している。

軍隊がいるということ、生身の兵士たちがいるということの意味を考えてみてほしい。いろいろな国や地域に軍隊が派遣されたとき、派兵された兵士たちは自分たちが崇高な任務を遂行していると感じるとともに、相手に対する敵対心や相手を支配、侵略、占領することもミッションだと思うのではないでしょうか。もちろん、すべての兵士がそう思うわけではなく、そのような考えに抵抗する兵士もいるのでしょうけれど。でも、それは軍隊そのもののミッションです。そういう軍隊がそのまま、その地域に留まるとどうなるのか。支配し、占領し、優越感を持った兵士たちがいるわけです。戦闘に参加した兵士たちが持つ非常な緊張や怒りは、駐留地域で吐き出されます。ベトナム戦争のときに沖縄が経験したことは、おそらくアジアの他の地域でも起こっていたことだと思います。ジャングルでのすさまじい戦闘から帰ってきた兵士たちは、九死に一生を得た恐怖を駐留地域で暴力として吐き出す。

沖縄戦にも同じことがいえます。日本軍と米軍が直接、戦った沖縄戦で米軍は五十四万人を沖縄に投入したと言われています。各地で激戦がありましたが、例えば、那覇市の現在のおもろまち。今はショッピングセンターやビジネスがある新都心と呼ばれる場所ですが、ここは当時、その小高い形状から「シュガーローフ」という名称がつき、日本軍と米軍が何度も奪い合いをしました。沖縄戦では一万二千人の米兵が死亡して、負傷者の数も多かった。激しい戦闘がありました。そのような戦闘を経験した兵士たちが、その後、沖縄に残ったのです。

基地・軍隊を許さない行動する女たちの会は一九九七年から「沖縄での米兵による女性への犯罪」年表を作成し、一九四五年から現在までの米兵による性暴力を記録しています。この年表を作成して思ったのは、戦闘が終わって、戦場ではなくなっても、兵士たちの暴力は駐留地域にはみ出していくのだということです。沖縄戦もそうだし、沖縄が派兵基地として使われた朝鮮戦争でもそうでした。この頃は、女性たちは兵士たちから逃れるために床下に隠れたり、兵士が来ると集落では大きな音を立てて住民に知らせたりしました。その後はすさまじいベトナム戦争でした。ベトナム戦争の当時は、この年表を見ると、年間四人もの女性が殺されています。これは、兵士たちが内的に抱えた恐怖や怒りや、破壊力を女性に向け、殺した、ということです。これらの事件では、中には逮捕されたものもありますが、ほとんど犯人は捕まっていません。そしてこの殺された女性たちの背後には、何とか難を逃れた、絞殺されそうになった無数の女性たちがいます。

戦争トラウマや兵士のPTSDはベトナム戦争で明らかになった言葉ですが、それは、兵士という生身の人間が人を殺し、戦いに投入されたときに、兵士たち自身もが返り血のようにして浴びる暴力ではないでしょうか。それが戦場で敵を殺しただけでなく、戦場から帰ってきた社会での帰還兵による暴力となる。周囲の女性たちがレイプされたり、殺されたりするケースにつながっていると思います。つまり、戦場での暴力がつながっていて、パッと開けられて出てくるのです。それは、米兵たちのR&R（休暇）の場所であったタイのパッポン（現在の売買春地域）やフィリピンや、あるいはベトナム戦争当時の韓国で起こっていたことです。兵士として戦闘に投入された生身の人間からもたらされる暴力は、圧倒的に女性に向けられた。

軍隊の駐留によっておこる暴力には、爆音や山火事や枯葉剤による汚染などがありますが、駐留する兵士が戦場や演習からもたらす暴力は、女性に向かいます。

米兵による暴力・犯罪の公式な統計もあり、そこでは殺人や強盗などが記録されています。でもこのような記録では見えにくいのですが、例えば女性が殺されたケースで多くの場合、殺される前にレイプされているのです。先ほど挙げた、ベトナム戦争当時に年間四人も女性が殺されているケースなどがそうです。人間の命が奪われるということはもちろん深刻ですが、レイプも命を失うと同じほどに重い暴力です。ですから、殺されないでレイプのみで終わったとしても、その女性を本当に破壊してくわけです。軍隊が駐留することによる暴力の受け皿になるのは圧倒的に女性なのです。

軍隊を持たなければならない社会とは

　復帰後の犯罪の統計を見てみると、強姦は少なくなっているのですが、これは実は最も多かった犯罪です。これを見ると、沖縄社会が女性に対する暴力に対して持つ認識の問題も見えてきます。性暴力がどれほど重たい暴力か、最も重いと言ってもいい暴力である、という認識がこの社会にはまだないのです。なので、実際には起こり続けているけれど、声を上げられない。訴えたとしても、もうそんなこと忘れてしまいなさい、と言ったりする。「戦争ってそういうもの」とか「よくあること」とか「兵士はそういうもの」、というようなことが言われる。それは暴力を肯定し、容認することになるのです。そのような社会では、自分を無にされるような被害と痛みと恐怖を受けても、その加害をしっかりと追及して断罪するようなシステムが十分に機能していない。だから暴力は繰り返されます。だって、暴力をふるっても許されるからです。

　加害とは何かを考えると、家父長制のいろいろな面が重なってきます。被害者が逆に非難されるような社会なのですから。

　沖縄では最近、新城正子[3]さんという辻遊郭にいた、現在八十七歳で、アメリカで芸術活動をしている女性が新聞で紹介されました。彼女の手記がこれから出版されるのですが、そこで辻遊郭で育った経験を振り返る中で、那覇の辻遊郭から浦添に行ったときに、地域の人々の蔑むような眼差しがあった、と言っています。沖縄にも琉球王朝時代から社会の仕組み、潤滑油のような役割で辻遊郭が存在します。女性の体が売られ、性が売られ、しかしそれは踊りや歌を学んで身につけて社会に出す、ということで社会が収まっているわけです。辻遊郭には娘たちが売られてきていました。それは、女性の性をそのように扱ってきた社会であり、一家が食いはぐれた時には娘を売ってもいいという社会であり、売られる娘は場合によっては家を救うので重宝される社会です。沖縄もそれが根強くある社会です。

　性犯罪の年表にある犯罪を見て聞かれたことがありましたが、「お父さんもお兄さんも一緒にいたのに被害にあったのですか」、というものです。家に米兵が押し入って、強姦した事件です。例えば、この事件では、お母さんが「抵抗したら殺される。近所のあのおうちでそうなった」と言って、実際にそのようなことが起こった近所の家族の名前を挙げたそうです。つまり、娘が強姦されていてもみんなが生き延びるために、じっとしていたのです。他にも同じような事件があったそうです。そうやって、集落ごとが米兵に女性を出したところもあります。村が生き延びるためです。

ベトナム戦争のときに基地周辺に帯のようにできた売買春地域も、そういう意味があるでしょう。青少年を暴力から守るため、というのが最初の発想ですが、売買春の女性たちにドルを稼がせる、という目的もありました。それでは、誰がそこに行くのか、といったときに一部の女性を出した。これは、相手の圧倒的な力の前ではそれはやむを得ない、と考える社会であるということです。沖縄戦で日本の天皇制も守るために沖縄を捨て石にした作戦も同じです。

ですから、軍隊を持ち続け、国の安全を最後には軍事力で守る、つまり隠している武器の力によって相手を威嚇することによって国の安全を守る社会は、対等な関係を持つことを軽視する社会です。そのように、他国と対等な関係を持てない国は内部でもそのあり様に影響すると思います。軍事力が必要という考え方をする社会は、経済的にも社会的にも、男性がずっと力を持ってきた社会です。その中では根深い女性差別があり、そこにレイプもセクハラもDVも存在するのです。それと軍隊は無関係ではない。

ロン・コビックの『七月四日に生まれて』で描かれていますが、高校に来たリクルーターに憧れて海兵隊に入ったロン・コビックが、新兵訓練の最初に上官に言われたことが、甘っちょろい女のお前たちをこれから鍛えて男にしてやる、というものでした。実際には新兵は全員、男なのですから、ここでの「男」というのは、戦える男、殺す力を持てる者、国を守るため、家族を守るために武器をとって戦える者、ということで、そういう訓練を受けます。彼の場合は、ベトナム戦争で戦って、砲弾を足に受けて、そこで「自分たちは人間性を完全に奪われてしまった」とハッと気づくわけです。訓練を受けて、敵を殺す人間になったと。そういう訓練が、沖縄で行われているのです。冨田由美さんが言ったように、そういう人たちがゲートからいつでも自由に出られる社会がこの沖縄です。

最近、米軍内部の暴力についても徐々に明るみになってきています。軍隊そのものが暴力の権化なのだから、その暴力性を追及されると内側から矛盾が出てきますよね。本当はもっと出てきてもいいと思いますが。

辺野古や高江で起こっていることについても、このように基地だけでなく、暴力が内在している軍隊についての問題だという認識を広げていきたいと思っています。

（二〇一六年九月十二日、那覇市、すぺーす結）

注

（1）刑特法――日米地位協定の実施に伴う刑事特別法。一九五二年施行。日米安全保障条約第六条によって米軍に提供されている区域や施設に無断で侵入した場合、一年以下の懲役または罰金などが科せられる。

（2）沖縄タイムス（二〇一六年五月二十六日）が、英国人記者、ジョン・ミッチェルが入手した米海兵隊の沖縄駐留のための新任研修の資料が沖縄を蔑視する内容を含んでいることを報道した。その中で、兵士に対して、異性にもてるようになる「外人パワー」について注意を促している。http://www.okinawatimes.co.jp/articles/-/32020（最終閲覧日二〇一七年一月二十二日）

（3）新城正子（旧姓）、正子・ロビンズ・サマーズ。一九二八年～二〇一六年。辻遊郭に売られ、「ジュリ（遊女）」として働いた後、米兵と結婚して米国に移住。画家として活動した。手記については沖縄タイムス（二〇一六年九月二日）が紹介した。http://www.okinawatimes.co.jp/articles/-/60339（最終閲覧日二〇一七年一月二十二日）

●エッセイ

在日の解けないパズル──『ジニのパズル』をめぐって

文京洙

ちょっとしたいきさつがあって、一九七一年の第六五回芥川賞の選評内容を報じた記事を探すことになった。候補の八作品のなかに在日朝鮮人作家の二作品（李恢成『青丘の宿』と金石範『万徳幽霊綺譚』）があがっていた。済州島四・三事件の取り組みでお付き合いのある金石範さんの依頼である。金先生のおぼろげな記憶では朝日新聞と東京新聞に選評内容が掲載されているとのこと、前者の記事はほどなく探しあてたが、後者は、国会図書館にまで出向いてマイクロ・フィルムから探し出すほかなかった。

いまや在日を代表するほどの地位にある、齢九〇歳の老作家がそんな半世紀近くも前の「選評」にこだわり続けるのは、もちろん、芥川賞をとりそこねた悔しさからではない。朝日・東京両紙の記事には在日の両作品について「在日朝鮮人に向けて書かれており普遍性がない」（東京新聞、七一年七月一七日夕刊）とする意見があったことが紹介されている（朝日は一八日の夕刊）。この指摘が金石範さんの文学者としてのマグマを大いに刺激したようである。

ところが、芥川賞が発表された『文藝春秋』（七一年九月号）には選考委員一〇人のうち九人の選評が紹介されているが、「普遍性」云々の言及がどこにも見当たらない。一人の超大物級の作家が病気を理由に選評を寄せていなかった。誰あろう川端康成であり、この「普遍性」云々の発言も川端その人に違いないという。金石範さんからすれば、川端の認識は、日本の「文壇」、ひいては日本文学の狭くいびつな体質を物語るものであり、「文学自体の、そして背後の『朝鮮』の否定」（「朝鮮がテーマだからフヘン性がない」雑誌『抗路』三号）にほかならない。金石範さんが自身の文学を日本文学ではなく日本語文学として位置づける所以もその辺りにある。

＊

金石範さんより六〇歳若い在日女性の新人作家（崔実）の「ジニのパズル」（『群像』二〇一六年六月号）が、私たち在日朝鮮人の世界に少なからず波紋を呼んでいる。

話は、退学寸前のオレゴンの高校での、泣こうと叫ぼうと「見えない」存在のジョンや大好きなマギーのこと、ホームステイ先のステファニーとの禅問答めいたやりとり、などから始まる。「学校ってのは本当に残酷なところ」、学校という装置や制度への救いがたい違和感のなかで、「レディオヘッドのセカンドアルバム『ザ・ベンズ』」を聞きながら「視線の先を行き交う靴を眺める」のがジニの日課だ。ステファニーはそんなジニを暖かく受け止める。「空が今にも落ちて来そうだ」というジニにステファニーは「その時には空を受け入れましょう」と諭す。このやりとりから、落ちてくる空を受け入れることのできなかった「あの時」のこと、「人生の歯車が狂い始めた」「五年前のこと」が語られ始める。

九八年、ジニは、日本名で通した日本の小学校を経て「東京で一番大きな朝鮮学校」（の中等部）に入学した。日本学校では、ジニと同じような変わり者で「勝手な親近感を抱いていた」級友に「汚い手で触らないでよ」と拒絶されたりしている。朝鮮学校では日本語は禁じられ、団体での行動が多く、「全校生徒、全員が運動場で円を描くように行進」したりする。ジニにはそういう朝鮮学校が一向に馴染めない。馴染もうとすらしない。さらに教室の正面に飾られた金日成・金正日の肖像画、それはジニとって「異様」で「気持ち悪」くさえある。

ジニには北朝鮮に帰った母方のハラボジ（祖父）がいる。北朝鮮からの手紙が物語の文脈から離れて所々に挟み込まれ、「北朝鮮はとても住み心地が良い国だ」と書いていたハラボジが病院にも行けずに亡くなったことが、ジニの母とは「腹違いの姉妹」の手紙に記されて、肖像画の国の悲惨が暗示される。一方で収容所に入れられた家族を、大金を使って奇跡的に日本に呼び戻したという話に、ジニは「北朝鮮では奇跡が起これば、人の命をお金で交換できる……間違いだ！……教室にある肖像画は間違いである」と考えるようになる。

そんなおり、テポドンが発射され、体操着での通学を指示した学校からの連絡がジニには届かず、チマチョゴリ姿で冷たい視線に晒されながら満員電車で揉みくしゃにされる。下車してふと立ち寄ったゲームセンターでは、警察を名乗る中年男性三人から「朝鮮人とは汚い生きもの」と言葉を浴びせられ、暴行を受ける。ひどいショックでしばらく家に引きこもった後、ジニは「最初で最後の革命」に打って出る。「ロリコン教師」や淡い恋心を抱いたジェファンたち級友たちの面前で肖像画を引き下ろして「一気に振り落とし」、「ガラスの板が割れて」、「金正日はようやく生身の姿に」なる。「北朝鮮は……金政権のものではない。私たちは人殺しの生徒ではない。肖像画は、ただちに排除する。北朝鮮の国旗を奪還せよ」と叫び、「肖像画を二枚とも（四階の教室のベランダから）思い切り外へ放り投げた」。

ジニは天国のハラボジに問いかける。

「子供相手に脅迫してくる日本人も、子供が犠牲になっても変わらぬ学校の連中も、いとも簡単に人の命を奪う金の糞独裁者も、みんなみんな、糞食らえだ。ハラボジ、私は、絶対に目を逸らさない。逸らすもんか。会ったことがなくても血の繋がった家族が北朝鮮にいるんだ。だから、ハラボジ、私は、絶対に目を逸らしたくない。全員を敵に回しても、目を逸らしたくないよ」。

ジニの〝革命〟は玉砕に終わる。ジニは精神病棟らしき「ある空間」に収容され、家族は笑顔を失い、親友は「ショックの余り不登校になり」、「私は名前を失」う。ステファニーだけがそんなジニを受け止めて物語は終わる。物語の上での主人公はあえなく玉砕するが、この小説が在日の社会にもつ破壊力は小さくないかもしれない。

＊

「ジニのパズル」は、群像新人文学賞を選考委員の満場一致で受賞して単行本にもなったが、芥川賞は、候補となったものの、やはり逃している。九人の選考委員の選評の要旨がネット上に掲載されている。二人が激賛の二重丸をつけているが、他の評者は、「書かざるをえない作者の熱」、「飛び抜けた存在感」、「作者の身体が放つエネルギーの波動」に驚嘆しながらも、要するに文章や構成が杜撰だという。二重丸をつけた高樹のぶ子は「弾ける怒りと哀しみと焦慮を抱えて彷徨する一個の魂を描いた傑作だ。」「胸を打つ、という一点ですべての欠点に目をつむらせる作品」だという。

受賞作は、村田沙耶香の「コンビニ人間」（『文学界』二〇一六年六月号）である。風変わりな人間描写が卓越していて、話しの運びや筆力は、素人目にも、『ジニのパズル』より勝っているようにみえる。しかし、小説のもつインパクトや破壊力は、断然、後者が勝っている。

選評にはさすがに〝普遍性〟云々の指摘はない。だが、在日朝鮮人としての私のひがみもあるが、選考委員の間には『ジニのパズル』が在日という特殊な社会や人間の問題という意識もあったであろう。すでに四人（李恢成、李良枝、柳美理、玄月）も芥川賞をとっているので、かつて日本の文壇が在日作家に抱いていたような負い目の意識も薄れているのかもしれない。

小説の良し悪しは、個人の内面と世界との不和、個人が直面する社会（世界）との折り合いのつけがたさを、読者が真に共感できるような仕方で提示できているのか、どうかにかかっている、と私個人は勝手に思っている。『ジニのパズル』はまさにそういう意味での〝普遍性〟をそなえている。ジニのような在日の三世にとって世界はまさに不条理に充ちているだろう。それは単に日本社会の植民地主義やレイシズムが根強いということだけではない。それに抗して生まれたはずの組織や国家、そして教育の現場までもが耐えがたい不条理に満ちあふれているのである。外には「子供相手に脅迫してくるような」レイシストがあふれ、そういう悪意から子供たちを庇護するはずの朝鮮学校では「糞独裁者」が崇められ、「子供が犠牲になっても変わらない」、こと無かれ主義がはびこっている。こういう板挟みの重圧のなかでジニの〝革命〟の矛先は後者に向かう。そこには当然、異論があるだろう。ジニの攻撃は、植民地主義やレイシズムに加担することにほかならない、と。

　社会の大きな矛盾や抑圧に抗おうとするとき、抵抗する側にもさまざまな矛盾や抑圧を生んでしまう、というのは人びとが常に陥ってきたディレンマでもある。朝鮮学校の問題に引き寄せていえば、これを攻撃する心ないレイシストたちと、民族教育を守ろうとする心ある日本人や在日朝鮮人にはっきりと二分された感がある。後者のなかで朝鮮学校が抱える矛盾や問題をあげつらうことはほとんどタブーといってよい。朝鮮学校内部のあり方や運営をめぐって民主主義や参加を語ることは事実上、不可能に近い。そういう二者択一の状況が在日の民族教育をめぐるまともな議論を難しくして状況をますます悪化させているように私には思えてならない。朝鮮学校内部の矛盾は拡大されるままに放置され、レイシストたちに攻撃のための絶好の口実を与えてつづけているのである。

「ジニのパズル」が、そういう私たち在日朝鮮人が民族教育をめぐって陥ったパズルを解く突破口になれば、と期待している。

●エッセイ

出会うことと証言すること

矢野 久美子

目が合ってしまった、と感じたのは、今年（二〇一六年）の夏、北ドイツのオスナブリュックで、その地出身の画家フエリックス・ヌスバウムの作品、「永劫の罰を受けた者たち」の前に立ったときである。一九四三年から一九四四年一月五日、という日付をもつこの絵（101×153cm）は、ナチ支配下のベルギーのブリュッセルで、屋根裏の隠れ家からアトリエに通った彼によって、まさに命がけで描かれた。

背後には、死の舞踏が落書きされた煉瓦の壁と、道を塞ぎ25367と記された蓋なしの棺。逃げ場を失った十二人の男女のなかの、ヌスバウムの自画像は、ナチがユダヤ人に強要した黄色い星ではなく、色褪せた緑の縁なし帽を身につけている。証言者であるその自画像に、見たよね、と語りかけられた気が私はしたのだ。この作品の完成から半年後、彼はゲシユタポに捕らえられ、アウシュヴィッツに移送された。

今回ドイツに行った理由の一つは、去年と今年亡くなった二人の友を、追悼するためだった。一九一五年と一九一七年生まれの姉妹で、私が彼女たちに出会ったのは、それぞれが七十歳のときである。生家は南西ドイツのシュトゥットガルトだが、姉のイナは第二次世界大戦の敗戦をドイツ東部で子供たちとむかえ、その後東ドイツで生きた。妹のグレーテルは、最初の夫が幼子二人を残して独ソ戦で戦死し、私が出会ったときは、戦後再婚してから生まれた娘たちと、西ドイツの生家で暮らしていた。彼女たちの父と兄もソ連で戦死、弟は戦後間もなく病死。その家に生まれた男たちはみんな死んだことになる。東西ドイツが統一するまで、親戚同士の行き来もできなかった。グレーテルは、イナの子供や孫たちにとって、いつも小包を送ってくれる西側の「タンテ・グレーテル」（グレーテルおばさん）だった。

まだドイツ語もたどたどしかったころから三十年近くの間、私は敬愛する彼女たちを訪ねつづけた。娘たちとも仲良しだが、いつも家にいる彼女たちとは、とりわけ多くの時間を共にした。姉妹は一九三〇年代後半から異なる人生を送ったので、二人の共通の思い出だと私が感じたのは、少女時代のものだった。なぜか二人とも私に似たような年代物の夏用ネグリジェをくれて、今でも旅行時に使うことがあるが、もしかするとそれらは姉妹がたがいにプレゼントしあったものかも、と想像したりする。私の研究テーマであるハンナ・アーレントについての新聞記事の切り抜きやテレビ番組の録画テープなどを、日本に送ってくれたのも彼女たちだった。

ところで、見た目も性格も異なる姉妹が同じ振る舞いをしたので、印象に残っていることがある。ナチ時代や戦時中の話をするとき、娘たちが傍にいないことを確かめるような様子だったのだ。私はインタヴューをしているわけではないので、尋ねてはいない。強制収容所で行われていたこと（ホロコーストの実態）を知らなかった、とも語った。普通の人びとにそういう言明は多い、知らないはずはない、と、ドイツ研究の本には批判的に書かれている。とはいえ私には彼女たちが嘘を言っているようにも思えなかった。しかし、娘たちには聞かれたくなかったのだ。

イナの家族は、東ドイツの政権下では抑圧されていた信仰厚いプロテスタントであり、政治とは一線を画しながら良心の自由や社会的連帯を重視していた。グレーテルの家族は、西側社会の傲慢さとは無縁で、多様な出自の客人たちが出入りし、リベラルな優しさに満ちていた。どちらも個人の人格や平等を尊重し、反戦を言葉にする女性たちの家族だった。そうした家族のなかでも、ナチ時代をめぐっては世代間の緊張があったということである。


歴史認識という点で、日本と比較されることが多いドイツだが、行政的大量殺戮を行った不法国家の「過去の克服」は、けっして自明の流れではなかった。一九四五年から一九四六年には、連合国によって国際軍事裁判（ニュルンベルク裁判）が開かれ、一九四八年のジェノサイド条約や人権宣言へとつながる「人道に対する罪」という概念が定義された。しかし、そこで実際に裁かれたのは、戦争に関連する犯罪であり、対象は指導者層だった。ドイツ人の大半は、それを勝者による裁判とうけとめ、ナチ時代の不法行為と向き合いはしなかった。ユダヤ人やシンティ・ロマ、同性愛者や障がい者の大量殺戮が、戦争に付随する行為と見なされた。

その後、アメリカ合衆国主導による「継続裁判」や非ナチ化政策、「再教育」において、ナチの犯罪は明るみに出され、被害者への補償政策も始まった。ところが、冷戦のはじまりや東西ドイツの成立以後、占領下で有罪判決をうけた者たちが続々と恩赦される。さらには、行政機構や司法界でも元ナチ党員が要職につき、不法国家の犯罪は隠蔽あるいは忘却されていった。アウシュヴィッツ裁判開廷までの経緯をあつかったドイツの劇映画『顔のないヒトラーたち』（ジュリオ・リッチャレリ監督、二〇一四年、原題は『沈黙の迷宮で』）では、一九五〇年代末にホロコーストについて無知であるドイツ社会や、過去の行為について無反省な元親衛隊員の様子などが描かれている。社会的記憶・想起の欠如するところでは、断絶と連続とに大きな違いはないのかもしれない。

最初のアウシュヴィッツ裁判は、一九六三年暮れから一九六五年八月までフランクフルトで行われ、ドイツにおける公的な過去の総括の起点となった。アウシュヴィッツ収容所長ルドルフ・ヘスの副官であったロベルト・ムルカをはじめとして大量殺戮にかかわった看守ら親衛隊員が被告であったことから、公式には「ムルカ等に対する裁判」と呼ばれる。一九六一年にイスラエルで開かれたアイヒマン裁判は国際社会でもドイツでも注目を集めたが、アウシュヴィッツ裁判の画期的な点は、ドイツでドイツ人による残虐行為が歴史に書き留められたことであった。被告たちは「知らなかった」「命令に従った」と繰り返しただけで、反省や後悔を表さなかったし、世論調査では裁判反対の意見が賛成を上回った。しかし、メディアが大きく取り上げ、犯罪の重大性が社会に共有されていくとともに、若い世代の関心が高まり、歴史認識の転換点となる。

この裁判を実現に導いたのは、ヘッセン州の検事長でユダヤ人のフリッツ・バウアーである。彼の死後明らかになったことだが、アルゼンチンに身を隠していたアイヒマンの居所をイスラエル諜報機関に伝え、アイヒマン裁判の発端を作ったのもバウアーだった。バウアーはアイヒマンをドイツで裁くことを望んでいたが、提案をドイツ政府に拒否され、ドイツの司法と警察に不信を抱いていたという。こうしたことを成し遂げたバウアーとは、いったいどんな人物だったのだろう。

フリッツ・バウアーは、一九〇三年にシュトゥットガルトでユダヤ人の家庭に生まれた。彼自身は無神論者であると公言している。シュトゥットガルトのギムナジウムを出た後、ハイデルベルク大学、ミュンヘン大学、チュービンゲン大学で法学と経済学を学ぶ。早くから政治意識に目覚め、一七歳で社会民主党（ＳＰＤ）に入り、大学では学生組合で活動した。戦後ヘッセン州の首相になるハイデルベルク大学の法学者カール・ガイラーのもとで「トラストの法的構造」について論文を書き、博士号取得。一九二八年からシュトゥットガルト司法局で働き、一九三〇年にはワイマール共和国で最年少の区裁判所判事になった。

社会民主主義者でありユダヤ人であった彼は、一九三三年三月から、シュトゥットガルト南部のホイベルクの強制収容所とウルムの駐屯軍拘留所に保護拘禁される。同年十一月に釈放されたとき、すでにナチが導入した「職業官吏再建法」によって職は奪われていた。一九三六年三月に亡命し、デンマークに住んでいた姉の元に身をよせる。一九四三年、ナチがデンマークのユダヤ人を移送しはじめ、姉家族と両親とともに漁船でスウェーデンに避難した。ストックホルムでは亡命中の社会民主主義者たちと合流し、ヴィリー・ブラントに出会った。デンマークでもスウェーデンでも執筆活動を続け、一九四四年にはすでにナチの法的責任を問う『法の前の戦争犯罪人』をデンマーク語で出した(ドイツ語版は一九四五年)。戦後、家族はデンマークに残ったが、バウアーは一九四九年にドイツに戻り、ブラウンシュヴァイク地方裁判所の所長、上級地方裁判所の検事長を経て、一九五六年にはヘッセン州の検事長となる。

一九六三年の北ドイツ放送でのインタヴューによれば、あるとき、バウアーのもとにやってきた男が、終戦間際に偶然手にした文書について語った。その男は、ブレスラウでナチが証拠隠滅のために警察法廷を燃やしている場に出くわし、窓から飛び出したために焼却をまぬがれた文書をもってきたという。重要なものかどうかは分からない。ところが、それらは、それまで知られていなかったアウシュヴィッツ関連の文書で、「看守XYが逃亡中の囚人XXX番を射殺した」等の具体的情報がぎっしりと書かれていた。バウアーはそれを連邦裁判所に送ったが、最終的にはフランクフルト検察庁が捜査することになり、アウシュヴィッツ裁判へとつながった。

バウアーは、自由・平等・博愛というフランス革命の理念を信じた愛国者で、戦後ドイツの民主化に賭け、不法国家ナチ・ドイツで起こった犯罪が繰り返されないように、活動した。司法の世界にとどまらず、精力的に文章を書き、講演をし、公的世界とかかわった。芸術の教育的効果を重視し、文章にはシラー、ヘルダーリン、シェイクスピアなど文学的テキストを頻繁に引用している。若い世代に希望を見いだし、ワルシャワ・ゲットーについての戯曲や絶滅収容所の調査にとりくんだ作家・映画監督のトーマス・ハーランとは、友情をつちかい彼を支援した。

一九六〇年には、ラインラント=プファルツ州の青少年団連合が催した「極右」の問題についての研究会で講演を要請され、「ファシスト的・国民主義的行為の根源」というテーマで話した。青少年団はこの講演を小冊子にしてギムナジウムの上級三学年や職業学校で配布することを希望したが、ラインラント=プファルツ州の文部省に拒否された。

「人権に反する法律は無効と言えるほど、人権は重要だ」と語ったバウアーは、不法状態における不服従や抵抗の義務、市民的勇気を訴えたが、当時のドイツの司法界では完全に孤立し、政治的にも疎まれていた。アウシュヴィッツ裁判への妨害や嫌がらせ、脅迫電話も絶えなかったという。そうした状況のまっただなかで、アウシュヴィッツ裁判が始まる前に行われた、前述の北ドイツ放送のインタヴューの最後で、彼は次のように語っている。

さきほどカフェで朝食をとりました。ごく簡単に話しますが、隣の席にはおそらく三十歳、三十五歳、あるいは四十歳くらいの女性が座っていました。彼女がコーヒーを飲んだときセーターが上にめくれて、彼女の右手に、屠殺に連れて行かれる動物のようなアウシュヴィッツ番号が見えました。五つか六つのアウシュヴィッツ番号。青色――はっきりと。その女性は生き延びたのです。しかしこれは私たちがとことん向き合わなければならない事実だと、私は思います。若い女性だったのです――彼女は生きているのです。動物のように烙印を押されて。ようするに人間の尊厳すべてを傷つけるということです。……ドイツのわれわれ皆が認識しなければならないはずだと思います。一人一人が見て一人一人が感じなければならない限界があるのだということを。あなたの人間同胞に敬意をもて、あんなことはもう起こってはならない、加担してはならない!……もしこの裁判から生まれて来るものがあるとしたら、真剣に受け止められるべき平等のための意味と闘いです。寛容と尊敬と承認が意味するものです。憎しみは――どんな形であれ――アウシュヴィッツのような事にいたります。それに本当に打ち勝つことができるのは兄弟愛と隣人愛だけなのです。

(Fritz Bauer (1998), S. 116-117)

一九六八年七月一日、フリッツ・バウアーは自宅の浴室で死んでいるところを発見された。心臓麻痺だった。他殺・自殺が疑われたが、死体解剖や状況からそのどちらでもないと結論づけられた。アドルノは翌日の講義の冒頭でバウアーについて、「あれほど情熱的に、あれほど精力的に、現実にドイツであの災いが繰り返されないようにあらゆる仕方でファシズムの危険な萌芽を阻止するように尽力した人を、私はほとんどほかに知りません」と語り、次のように続けた。

私は、その人となりをよく知っていますので、誇張も感傷もなしに、みなさんにこう申し上げることができると思います。フリッツ・バウアーが急逝されたのは、彼の希望していたこと、彼がドイツにおいてもっと他のよりよい形で達成しようとしていたことが危険に曝されているように彼には移り、絶望したせいでもあり、また亡命先から帰ってきたのが果たして正しかったのかどうか、絶えず懐疑に苛まれていたせいでもあった、と。私自身も長い間、そうした懐疑を払いのけようとしてきました。ドイツでは、緊急事態法が可決されるといったような展開がありましたし、また他の一連の事態もありました。それを思うと私には十分理解できることですが、そうでなくても心臓病を患っていたバウアー氏は、こうしたことに心労を募らせ、ついに生命の糸を断たれたのだ、と言わなければなりません。親愛なる学友のみなさん、故人の追憶のためにご起立をお願いいたします。――ありがとうございました。

(アドルノ(二〇〇一年)、二〇二頁)

バウアーの葬儀では、アドルノが選曲したベートーヴェンの弦楽四重奏曲、第十三番変ロ長調、第十四番嬰ハ短調、第十五番イ短調が、演奏された。演奏代はヘッセン州政府がもち、アドルノに委ねた。参列していたアレクサンダー・クルーゲによれば、その音楽は政府が想定したような「慰め」はもたらさない「絶対音楽」であった。スピーチは行わないようにと遺言があり、長い音楽の間、死者のことを集中して考えることができたという。その日はそのまま解散。アドルノは小さな礼拝堂のなかでじっと座ったままだった。クルーゲは、二〇一三年に『《慰めの言葉を語るのは裏切り者》——フリッツ・バウアーに捧げる四十八の物語』と題した小さな本を出した。「献辞」のなかでクルーゲは次のように伝えている。

怪物的な犯罪は、世界に現れるやいなや、反復をひきおこす特徴がある、と彼は言った。それらを観察し記憶する力を麻痺させないことが重要だ、と彼は考えていた。つまり、過去と現在の間には、悪の牽引者とわれわれの間には、「亡霊的な遠隔作用」と「非因果的な網の目」がある。それらはわれわれが経験した以上の影響力をもってはならないのだ。

(Alexander Kluge (2013), S.113)

ヌスバウムのまなざし、イナやグレーテルの想い、バウアーが見た風景と闘い、彼を追悼する友……。私はそれを受け止め、さらに伝えたいと思う。

アウシュヴィッツから奇跡的に生還したマグダ・オランデール＝ラフォンもまた、証言と出会いの意味を教えてくれる。彼女が中学や高校で強制収容所の実態について証言をもとめられるとき、決まって残す次のようなメッセージがあるという。「自分を信じ、自由な人間として社会に関わっていける人になってほしい」「あなたがとても受け入れられない、人間的に正しくないと感じる状況に直面したときには、自分を信じて行動しなさい」「あなたたちが今なすべきことは、想像力を発揮し、ともに働き、真の絆を育み、そしてあまり怖がらずに、人間の持つ人間性に希望を抱き、現在、あなたの生活している場所で、注意深い証人になることでしょう」。

彼女が言葉にしたように、「生活している場所で、注意深い証人になること」はわたしたち皆に開かれている。そしてその行為はわたしたち一人一人が自分自身を、傍にいる誰かを、励ますことにもなるのだ。

参考文献

Eva Berger /Inge Jaehner/Peter Jung/Karl Georg Kaster/Manfred Meinz/Wendelin Zimmer (2007), *Felix Nussbaum Verfemte Kunst – Exilkunst – Wiederstandskunst*, 4. Auflage, bearbeitet von Anne Sibykke Schwetter, Rasch Verlag

徐 京植（二〇一〇年）『汝の目を信じよ——統一ドイツ美術紀行』

みすず書房
大内田わこ（二〇一〇年）『「ダビデの星」を拒んだ画家フェリックス・ヌスバウム』光陽出版社
石田勇二（二〇〇二年）『過去の克服――ヒトラー後のドイツ』白水社
Fritz Bauer (1998), *Die Humanität der Rechtsordnung : ausgewählte Schriften*, Joachim Perels und Irmtrud Wojak, Hg., Campus Verlag
Micha Brumlik (2004), "Im Hause des Henkers - Fritz Bauer und die Selbstaufklärung der Republik," in : *Blätter für deutsche und Internationale Politik* 4/2004, S.491-497
Alexnder Kluge (2013), *Wer ein Wort des Trostes spricht, ist ein Verräter : 48 Geschichten für Fritz Bauer*, Suhrkamp Verlag
Ronen Steinke (2014), *Fritz Bauer oder Auschwitz vor Gericht*, Piper Verlag
Werner Renz, Hg. (2015), *»Von Gott und der Welt verlassen« Fritz Bauers Briefe an Thomas Harlan*, Campus Verlag
Fritz Bauer (2016), *Die Wurzeln faschistischen und nationalsozialistischen Handelns*, Cep Europäische Verlagsanstalt
T・H・アドルノ（二〇〇一年）『社会学講義』細見和之ほか訳、作品社
マグダ・オランデール＝ラフォン（二〇一三）『四つの小さなパン切れ』高橋啓訳、みすず書房

岡野八代著

『戦争に抗する――ケアの倫理と平和の構想』

反暴力の理論的実践――主体批判からケアの倫理へ

池内 靖子

本書は、ここ一〇年間の論考を一冊の本にまとめたものであるが、その間、著者は、フェミニズムの知の新たな地平を切り拓く『フェミニズムの政治学――ケアの倫理をグローバルな社会へ』を著わしており、本書も引き続きその理論的枠組みから、反暴力の思想を深く掘り下げた大著になっている。二〇〇一年9・11事件以降、米国主導の「テロとの戦争」が世界的規模で進行するなか、合衆国の軍事戦略に従い、安保法制を強化し、憲法破壊を進める安倍政権によって、戦後日本の政治構造が根本的に覆されようとしている現在、戦争に抗う本書の理論的実践ほど示唆に富むものはない。

〈主体批判から――「テロとの戦争」との闘い〉

本書は、まず、「主体」批判の議論から始まる。戦争に抗する上で、「主体」を批判的にとらえ直すということは、どういうことなのだろう、ととまどうが、この第一章を読めば、主体批判が、本書のテーマにとって核心をなす重要な議論であることが分かる。

9・11事件後、合衆国の市民や知識人、リベラル・フェミニストの多くは、アフガニスタン攻撃を支持し、「自らが受けた傷や屈辱、そして悲しみをいかに癒すのか、といった営みや思考に向かわずに、むしろ、他者を攻撃することを選んだ」。そこにあるのは、「自己の傷つきやすさ／攻撃を受ける可能性 vulnerability を受け止められず、他者への依存を否認し、かつ過剰に他者（性）から自己防衛しようとするために、他者への暴力をよしとする主体」である。国家を武力によって防衛することを当然視し、むしろ主権国家としての責任でさえあるという考えは根強い。

近代的主権国家に一体化する、リベラルな主権的主体の軍事的思考を批判的にとらえ直すために、岡野は、9・11事件後の言論状況にいち早く異議を申し立てたバトラーを援用し、圧倒的な議論を展開している。主体批判は、その射程に、「他者への責任」、「倫理的責任」、「集合的責任」を含み、本書に一貫して反暴力の思索を深めるうえで不可欠な理論的視角となっている。

〈「慰安婦」問題――問われる日本の民主化〉

次章における「慰安婦」問題の議論は、日本軍性奴隷制度の被害者一人ひとりに正義と尊厳を回復するために、いかに応答すべきかを問う、わたしたちの「応答可能性＝責任」をめぐる考察である。それはまた、岡野が指摘するように、現状や、現在の〈わたしたち〉の在り方を批判的に問い直す、という民主主義の実践と密接に関わる。

一九九一年に初めて金学順《キム・ハクスン》さんが元「慰安婦」として公に証言して以来、日本と韓国の市民、フェミニストと活動家たちの多くが、被害者たちの訴えに応え、国境を超えて連携しながら一人ひとりの被害者に対して法的責任を果たすよう日本政府に要求してきたが、法的責任を認めない日本政府は、妥協策として、一九九五年に、政府主導で、民間の「女性のためのアジア平和国民基金」を設立した。

本章では、具体的に、「国民基金デジタル記念館」（二〇〇七年設立）と、私設の、女性のための平和資料館 wam（二〇〇五年設立）の展示を比較検討することで、国民基金の態度が、いかに被害者の声を無視し、日本の民主的変革の可能性を閉ざしてきたかを明らかにしている。

政府に法的責任を求める市民たちは、岡野が指摘するように、裁判闘争という方法でのみ追及しているのでもなければ、法的責任のほうが道徳的責任より優ると主張しているのでもない。

　最も民主的な行為である立法行為や、政府による事実の解明、歴史教育などを通じ〈わたしたち〉の来歴の問い直しといった政治的責任を含めた、広い意味での法的責任こそが、国民の償いの前提となっていると主張しているのだ。それは、「できないものは、できない」と諦める〈わたしたち〉の在り方を変革する、きわめて民主主義的な闘争なのである。

国民基金の理事であった大沼保昭は、多くの自民党の政治家たちの反発の強さに、法的責任を求めることを諦め、国民基金の「謝罪」行為を自讃し、逆に、法的責任を求める市民やフェミニストの運動への批判を強めている。岡野は、千葉真の『「未完の革命」としての平和憲法』を参照しながら、大沼の議論に代表されるような国民基金には、〈わたしたち〉を問い直すという、民主主義の実践に核心的な「自己相対化」が欠落していることを鋭く批判している。

「被害者たちの尊厳回復の基盤としての法（＝正義）の存在について、否定し続ける日本政府と、その日本政府をいつまでも変える力のない――わたしも含めた――日本社会における民主主義の不在こそが、韓国と日本の深い溝を作りだしているのである」という指摘は、痛切に、「民主主義の不在」という日本社会の現状に、あらためてわたしたちの注意を向けさせる。

〈被害者にとっての「和解」〉

本書では、一貫して、政治思想史における歴史的に構築されてきた政治哲学的概念を吟味することで、より深い議論が展開されるが、この「慰安婦」問題をめぐる議論では、正義、人権、尊厳、和解といった重要な概念の問い直しがある。

大沼と同様に、日本政府に徹底した法的責任と徹底した謝罪を求める市民運動が日本と韓国の対立を招き「和解」を妨げていると主張する朴裕河の議論に対し、岡野は、市民運動に対する朴の一面的な評価を批判するとともに、朴の使う「和解」という概念を政治哲学上の正義や尊厳との概念的な関連に照らして問い直す。

和解とは理解に内在するというアーレントを援用した岡野の考察は、わたしたちに貴重な示唆を与えてくれる。

　アーレントは和解を論じるさい、ドイツ人を赦す、あるいはドイツ人が赦される、といった議論をしない。被害者、とくに組織的犯罪、国家的犯罪、つまり構造的な暴力に巻き込まれてしまった被害者の和解にとって重要なのは、何よりも、なぜこうした前代未聞の犯罪が起こり得たのかを構造的に明らかにすることだからだ。そのことが明らかになっても、被害者は加害者を赦さないかもしれない。しかし、被害者にとっての「和解」を論じるさいにわたしたちがまず目をむけなければいけないのは、加害者が赦されるか否かではなく、被害者がこの世界をまた他者と共有したいと願えるかどうか、そのためにわたしたちが何をすべきか、であるという点なのだ。（強調は池内）

「慰安婦」問題を、日本人・日本政府と韓国人・韓国政府との間の対立の問題に還元し、しかも、その対立を強めているのが市民運動であるという、朴の「和解」の捉え方が的外れであることはいうまでもない。致命的なのは、被害者にとっての和解とはどういうことなのかということをとらえ損なっていることである。

〈修復的正義〉

岡野はまた、合衆国のフェミニスト哲学者や倫理学者たちがとらえ直してきた、伝統的な正議論とは異なる、「修復的正義」という新しい概念に注目している。修復的正義の核心は、「被害者を、屈辱や侮蔑から解き放つこと」（ウォーカー）にある。なぜなら、被害者が平等とみなされない存在であったがゆえに危害を被り、社会的弱者であるがゆえに被害を公にすることができなかったという、被害者蔑視と疎外が放置されてきたからである。修復（＝償い）の正義の概念は、そのような不正義を許容してきた社会そのものが変革されなければ、正義が為されたとはいえないという、現状変革を強く促す正義概念である。

もう一つ、「修復的正義」の議論のなかで、被害者に「時を与えること」という、印象深い表現がある。「加害者を含めた社会が過去に対する理解を深め、二度と同じような加害が繰り返されないことを表明し、その加害を記憶し続けることによって、この世界において被害者たちが今を生きるための時間が、正義の名の下にもたらされなければならない」（スペルマン）という考え方である。

彼女たちの議論を敷衍して岡野が述べる次のような言葉も、詩的な、深い思索を示している。「〈わたしたち〉が現在の常識からいったん離れ、過去と未来の二つの時空へ、理解と想像力を駆使することで、『これまで無視されてきた』、『不利な立場にある』被害者たちに、この世界で今を生きるための、時間を与える試みである」。

こうした繊細で深い洞察に満ちた考察を踏まえるなら、被害者たちの声を聴くことなく、いわば頭越しに、二〇一五年末に日韓両政府によって、「最終的かつ不可逆的に解決されることを確認」した「日韓合意」が、いかに正義の根本要件を欠落させた、「侮蔑的」なものであるかということがみてとれるだろう。

〈立憲主義再考〉

本書の後半の議論では、第一部の「慰安婦」問題の議論で確認した、被害者一人ひとりの尊厳を認めること、その重要性の確認は、第二部の立憲主義をめぐる議論にも深く結びついている。

立憲主義は、「強大な国家暴力を縛るために人類が思索を重ね、ようやくたどり着いた叡知であり、しかもその叡知の根源にあるのが、弱く小さなわたしたち一人ひとりの尊厳という価値に他ならない」。皮肉なことに、わたしたちは、現在の安倍政権の憲法破壊攻勢によって、巨大な暴力装置である国家の暴走を制御する立憲主義と、個人の自由、平等、他者との共存を保障する民主主義の重要性にあらためて気づかされることになった。

二〇一二年の自民党憲法草案は、前文に「日本国は永久に存続するべきである、その日本国に寄与するためにこそ日本国民は存在する」ことを宣言し、「国家のために、国民は存在する」という、国家主義を露わにしている。「国家は個人の権利を守るための道具にすぎない」という立憲主義が示す国家観とは対極にある、倒錯的な国家観である。

二一世紀初め顕著になったジェンダーフリー・バッシングと自民党を中心とした憲法破壊論議を、岡野は、近代立憲主義の原則に立ち返りながら批判的に検討している。近代の政治理念をめぐるロックやルソー、カントの主要な論点を紹介しながら進められる岡野の立憲主義再考は、それらの古典に通暁していない（わたしのような）読者にも、文字通り目の覚めるような、新鮮で魅力的な議論の場を開いてみせてくれる。

とりわけ、幕間の形で挿入された intermission「安全と安心のあいだ」は、秀逸である。一七世紀英国で国家の存在理由を説いたホッブズの『リヴァイアサン』は、現在の「安全保障」にも通底する国家観・人間観を示している。岡野は、その考え方を、表紙に描かれた怪獣リヴァイアサンの絵解きも示しながら、あざやかな分析で批判している。

まず、ひとは、ホッブズが喩えるキノコのようには、成長できない。つまり、無力で無防備な存在として誕生するこどもたちを、「時には自分のやりたいことを脇においても世話してくれるひとがいなければ、人類は存続不可能」である。さらに、ひとは、「心身ともに衰え、誰かの世話になりながら一生を終える」。それに、「すべての成人が一人で社会生活できるような健常者であるわけでもない」。他者の手に支えられてひとは存在している。ホッブズの人間観は、こうした人間存在の条件をみえなくしているのである。

ホッブズの人間観は、宗教戦争と貧困、病の恐怖にみちた当時の社会を反映し、自己の安全と幸せ追求のためには他者を蹴落としてでも力をもたなければならないという考え方である。信頼できない者同士によって引き起こされる、万人に対する万人の争いを取り除くためには、一人ひとりでは太刀打ちできない力をもつ怪獣リヴァイアサンのような、強力な国家が必要だとホッブズは考えた。この幕間の議論は、国家による「安全保障」をより深く問い直す第三部へのみごとな導入部となっている。

少し長くなるが、立憲主義をとらえ直す興味深い議論の例を、もう一つ挙げておこう。

自民党の憲法草案の「公共」概念は、「諸個人の権利『対』責任・義務・公共の福祉といった、諸個人の権利と公共性を対立させる認識枠組みをもっている」が、ロックや、ルソー、カントは、それとは異なる意味合いで「公共」や「公共圏」をとらえているという。岡野が参照するロックの議論では、「公共の福祉のために」法をつくるよう、立法を託された者たちは、「法を作ってしまえばふたたび解散し自らその法に従わなければならない」。そしてそれが、「新しくて近しい絆」と呼ばれている。カントの議論では、「公共体を創設するための『原理』」として、まず「人間としての自由」が挙げられている。

岡野は、ロックとカントを結びつけ、「古い絆を断ち切る原理とは、人間としての自由を尊重すること、すなわち、ひとであるからには、すべてのひとが『幸福に値する』ことを尊重することである。そして、その原理によって、新しい絆が結ばれ、公共体が出来するのである」と分析する。ロックやカントの時代に、女性たちはその公共体から排除されていたという問題にも触れながら、権力の介入から自由な、新しい絆の「公共性」と、近代立憲主義の原理としての「個人の尊厳」との強い結びつきをみてとることができる、ととらえるのである。

公共性についてはまた、「国家＝公共圏」といった浅薄な理解を斥け、現代の政治哲学者、ハーバーマスが公共圏の源流を「文芸的公共性」にみていることにも触れて、「公共」概念の、より豊かで深いとらえ直しをわたしたちに気づかせる。

〈国民国家を超える普遍の原理〉

第二部で、同じように印象深い議論は、日本の現行憲法の体現する「普遍の原理」にかかわる議論である。「日本国憲法の歴史性、とりわけ日本の歴史に深く刻まれた植民地主義の宗主国であった経験を立脚点として」、現行憲法は成り立っている。その意味でも、日本社会を形成しているのは、現在の日本国民だけではない。立憲民主主義の政治のために、「憲法をあらゆる存在に開かれた規範として鍛え上げていく」必要があるという指摘は、安倍政権が、憲法を「天皇を戴く日本国民」の専有物に替えようとしている現在、きわめて重要である。

この点とかかわって岡野が取り上げたルフォールの民主主義論はまた、非常にユニークで、鋭い視点をわたしたちに与えてくれる。

近代民主主義において、あらゆる権力の源泉は〈人民 the people〉にあるが、〈人民とは誰か〉という問いは、同一性を担保する場に、その同一性を体現し得るいかなる人物 figure も存在しないがゆえに、つねに開かれたままである。〔…〕〈人民とは誰か〉という、つねに先送りされる問いの決定不可能性が、民主主義に自由の領域をもたらす。その領域は、誰も独占できず、自由を求める諸個人の到来によって、つねに異論や反論を許す場所でもあるのだ。

このルフォールの民主主義論を踏まえながら、岡野は、ルフォールに劣らず、ユニークで鋭い考察を加え、憲法がもつ、近代国民国家の論理を超える普遍性の原理にわたしたちの注意を促している。

憲法も領土も誰のものでもない。誰のものでもない、という根拠が、不確定な〈わたしたち〉である。一つ屋根の下に暮らそうとも、食事をともに分かち合っていたとしても、わたしとあなたは、異なる存在で、同じ夢はけっしてみない。この単純な、わたしたちの自由な在り方をこの上なく大切にするならば、わたしたちは、現在の人類の普遍的原理に開かれた憲法を手放してはならない。そこではつねに、〈わたしたち〉とは誰かをめぐる争いが絶えないだろう。しかし、その争いこそが民主主義的な政治なのだ。立憲主義が保障する個人の尊厳と民主主義を、「天皇を戴く国民」となることで捨て去ってはならない。

〈依存的な存在／身体の傷つきやすさから――ケアの倫理〉

暴力には暴力で対抗し、安全を保障するという考え方は、圧倒的な主権国家の暴力をますます肥大化させる状況にある。「安全保障という考え方そのものに、無力な個人を圧殺してしまうような、軍事的な国家を絶対視する思想が埋め込まれていること」をとらえ、岡野は、反暴力、反戦争の思想を掘り下げ、平和な社会を構想するために、ケアの倫理を対置する。

ケアの実践は、力も能力も背景も異なる他者との関係性――母子関係はまさにそうだ――のなかで行われるので、そこにはケアする・ケアされる者のあいだに、つねに「軋轢」が存在している。そして、力の違いがあるからこそ、強者の立場にあるものは、弱い立場の者を傷つけやすい。したがって、非暴力的な応答をすべきである、といった強い倫理が働くのだ。

ケアの倫理をめぐるフェミニズムの議論は、わたしたちがそもそもの人生の初めから、無力な存在として、自己に先立つ他者との依存関係で生を得てきた、という人間の本質的な条件を前提として、反暴力の可能性を探る試みである。

本書第一章で批判した主体は、「依存」を不自由な、自律を損なうものとして否認し、自衛のためには、他者を敵とみなし抹殺する暴力にまで突き進む主体であった。自律的な個人の主体を前提にした西洋近代政治哲学が忘却し否認してきた「他者への依存」をめぐっては、フェミニストたちによる、深いとらえ直しが蓄積されている。

岡野は、くり返し、バトラーを援用しながら、暴力の誘惑に葛藤し、不安を抱える、わたしたち自身の暴力の可能性をとらえ直す。

> 非暴力はまさしく美徳でもなければ立場でもなく、ましてや普遍的に適用されるべき一蓮の原則でもない。それは、傷つき、怒りくるい、暴力的な報復にむかいやすく、にもかかわらずそのような行動をするまいと葛藤する（そしてしばしばみずからに対する憤怒をつくりだす）ような、暴力にまみれ葛藤をかかえた主体の位置を示しているのだ。暴力に対抗するためのたたかいは、暴力が自分自身の可能性だということを受け入れる
>
> （Butler 2009: 171/207. 強調は岡野）

暴力が自分自身の可能性だということは、奇妙な言い方で、逆説的でもあるが、岡野が指摘するように「暴力に訴えたくなるにもかかわらず、暴力に訴える可能性に抗う」という、もう一つの可能性としてとらえ直されている。そしてそのような可能性は、日々のケアし・ケアされる関係の実践のうちにすでに知られている。それを岡野はケアの実践のなかから紡ぎ出される「実践知」と呼んでいる。

日々の身近な他者との依存関係における暴力の可能性から紡ぎ出されたケアの倫理を活かし、「テロとの戦争」との闘いの文脈に広げ、平和を構想することは可能だろうか。

岡野は、他者との依存関係における「暴力の存在と、その暴力に晒されやすく傷つきやすい身体」に焦点を当てながら、報復的な暴力や、自己防衛とは異なる方向性をとらえている。それは、「暴力の原因を根こそぎにするのでなく、むしろ、数限りない暴力の事例と、そこに巻き込まれた身体の苦痛と苦悶を見つめ、傷ついた身体の苦痛を和らげる方途を模索するさいの葛藤や、他者の失った命を嘆き悲しむなかで見出す」、という暴力への抵抗の在り方であり、「自らの喪失感の大きさを表明し、暴力の誘惑に葛藤しながらもことばを紡ぎ、わたしたちの脆い世界を豊かに記述していく」ことのなかに生み出される、暴力に抵抗する思考と実践である。

岡野はまた、「他者への依存を余儀なくさせる具体的な生」、そ

れこそが、自由を保障してくれてもいる、と論じている。「他者との出会い」には、金学順さんの告発のように、告発以前には想像もできなかった、日本軍「性奴隷制度」の被害者たちからの呼びかけも含まれる。今までわたしたちが「知っている」と思っていたことが揺るがされ、「知られるべきなにものか」と出会い、未知の選択肢へと開かれる自由が存在する。「他者はわたしたちにとっての可能性なのだ」。

本書全体を通して展開される、岡野の目の覚めるような議論、紡ぎ出される、深い洞察に満ちた考察と言葉に、わたしたちは、反暴力のみごとな理論的実践を見出すことができる。

●『女性・戦争・人権』（学会学会誌編集委員会編）バックナンバー内容目次（税抜き各２０００円。2号のみ１８００円）

The Political Meaning of a People's Tribunal ◎OKANO, Yayo

第12号　特集＊軍事化と女性に対する暴力　現在の国際的な動きのなかで

【十二号発刊に際して】秋林こずえ

【シンポジウム報告】

軍事化と女性に対する暴力◎矢野久美子

アフリカへの償い◎菊池恵介

追放と占領を経験するパレスチナ女性の〈生〉を規定するもの◎清末愛砂

【特別掲載】

日本軍「慰安婦」と今◎高里鈴代

「沖縄戦と日本軍「慰安婦」展」解題◎秋林こずえ

【海外情報】

日本における性的マイノリティ差別とイギリス法◎佐々木貴弘

「二〇一二年アジア女性シェルター会議」（2012 Asian Conference of Women's Shelter）に参加して◎福嶋由里子

【書評】

志水紀代子・山下英愛編『シンポジウム記録「慰安婦」問題の解決に向けて』◎西田千津

三木草子／レベッカ・ジェニスン編『表現する女たち』◎池田直子

金蓮子著『基地村の女たち』◎田崎真奈美

高橋哲哉・菱木政晴・森一弘著『殉教と殉国と信仰と』◎鈴木彩加

エヴァ・フェダー・キテイほか著『ケアの倫理からはじめる正義論』◎志水紀代子

第11号　特集＊「女性国際戦犯法廷」一〇年を迎えて　ハーグ判決実現に向けた課題と展望

【十一号発刊に際して】岡野八代

【シンポジウム報告】

「女性国際戦犯法廷」一〇年を迎えて◎岡野八代・企画委員会

日本軍「慰安婦」研究の成果と課題◎林博史

従軍慰安婦訴訟が問うたもの・今後の課題◎松本克美

【論文】

軍事主義の囮（デコイ）としてのジェンダーの「逸脱」表象◎池田直子

【特別寄稿】

シングルマザーの物語が持つ可能性◎中川志保子

もう一つの女性解放と開発に向けての選択？◎松本ますみ

【エッセイ】

『苦悩』に見るデュラスの「愛」◎上田章子

【書評】

林博史著『沖縄戦が問うもの』◎仲里和花

第8号　特集＊〈女性国際戦犯法廷〉以降の世界を考える　性差別・性暴力・人身売買撤廃に向けて

【8号発刊に際して】中原道子
「女性・戦争・人権」学会の八年を振り返って◎志水紀代子
【シンポジウム報告】
〈女性国際戦犯法廷〉以降の世界を考える◎岡野八代・清末愛砂・伊田広行・洪玧伸・菊地夏野
【特別寄稿】
性販売女性、フェミニスト、女性主義方法の再考◎鄭喜鎮［山下英愛訳・解説］
【論文】
フェミニズムの新しい波―他者の視線／他者からの視線◎岡野八代
性売買と性暴力―身体性の交換と自己決定の限界◎堀田義太郎
【研究ノート】
日本のフェミニズムと性売買問題―軍事主義と売春禁止主義の結合◎藤目ゆき
言葉を借りた者たちの「慰霊の碑」―ある「朝鮮人軍夫」をめぐる証言会、「語られていない五分」へのこだわり◎洪玧伸
【エッセイ】
『ジェンダーの視点からみる日韓近現代史』を傍らに、韓国映画・ドラマを見よう◎大越愛子
【海外情報】
ベトナム戦における性犯罪を謝罪しよう◎『ハンギョレ21』
〈女性国際戦犯法廷〉から見た国を超えた女性連帯の可能性◎姜ガラム
【書評】
和田伸一郎著『メディアと倫理』◎倉橋耕平
山根純佳著『産む産まないは女の権利か』◎高原幸子

第7号　特集＊米軍基地　暴力の布置と性のポリティクス

【7号発刊に際して】志水紀代子
【報告】
象徴天皇制と「適応障害」―天皇「ご一家」像から見えるもの◎北原恵
【特別寄稿】
韓国における経済開発とジェンダー・ポリティクス―七〇、八〇年代の中東建設プロジェクトを中心に◎崔星愛［山下英愛訳］
【論文】
沖縄「基地・軍隊を許さない行動する女たちの会」―批判的フェミニズムと平和◎秋林こずえ
「戸惑う人間」のための安全保障学―沖縄と韓国における反基地運動「住民アクター」の視点から◎洪玧伸
アメリカ軍の性対策の歴史―一九五〇年代まで◎林博史
【研究ノート】

日本における女性学と男性である私—男性として女性学にかかわること◎大橋稔
『負け犬の遠吠え』への一考察—男の視線の中で女が女を価値づけるということ◎石島亜由美

【海外情報】
「暴力の連鎖」という言葉がかき消してきた叫び◎清末愛砂

【活動報告】一年を振り返る◎大越愛子

【書評】
ジャック・デリダ著『友愛のポリティックス』◎堀田義太郎
大越愛子著『フェミニズムと国家暴力』◎岡野八代
石田米子・内田知行編『黄土の村の性暴力』◎大越愛子

【アピール】
米軍のファルージャでの民衆虐殺に抗議し、米軍及び自衛隊のイラクからの即時撤退を求める緊急アピール
東京都教育委員会の扶桑社歴史教科書採択、女性差別的・民族差別的施策に抗議するアピール

第6号　特集＊関東大震災80周年近現代史再考

【6号発刊に際して】志水紀代子

【シンポジウム報告】
フェミニズムとコロニアリズム◎鈴木裕子・梁鉉娥・李聖順・中原道子

【講演】
関東大震災・朝鮮人虐殺・金子文子◎山田昭次
戦争体制において平和研究の可能性を探る◎ロニー・アレキサンダー

【特別寄稿】
韓国の軍事主義とジェンダー◎権仁淑［山下英愛訳］

【論文】
労働力再生産機構としての日本軍性奴隷制—マルクス主義フェミニズムの観点からの予備的考察◎金友子
第一次世界大戦の終結と国際機関を動かす女性運動—国際NGO活動のさきがけ◎戸塚悦朗

【研究ノート】
民法における日本女性の近代化—「明治民法」から「民法改正要綱」へ◎植田朱美

【追悼　松井やより】◎石田米子・中原道子・長谷未知子・本田雅和・ミリアム・シルバーバーグ・柳本祐加子

【海外情報】勇気あるシスターたちの反戦活動◎長谷未知子

【活動報告】この一年の「学会」内外の活動から◎大越愛子

【書評】
マクダレナの家編『勇敢な女たち』◎山下英愛
ジュディス・バトラー著『アンティゴネーの主張』◎高原幸子
岡野八代著『法の政治学』◎菊地夏野

【アピール】
ブッシュ政府による、イラクの人々に死と破壊をもたらす空爆

第5号　特集＊戦後責任を問い直す

第4号　特集＊天皇制・フェミニズムと戦争責任

【4号発刊に際して】志水紀代子

【シンポジウム報告】

天皇制・フェミニズムと戦争責任◎ユン・ジョンオク・鈴木裕子・高橋哲哉

戦争論の現在◎鹿野政直・大越愛子・多木浩二

【講演】

ナチズムと強制売春◎クリスタ・パウル

【渡辺和子さんへの追悼文】◎角田由紀子

【論文】

韓国における慰安婦問題解決運動の課題―性的被害の観点から◎山下英愛

一在日朝鮮人からみる国民国家◎金聖一

【報告】

日本軍性奴隷制を裁く〈女性国際戦犯法廷〉を傍聴記◎鈴木裕子・井桁碧

【特別報告】

ヘジン僧事件真相調査委員会〈真相調査報告書〉◎山下英愛訳・解説

【書評】

徐京植・高橋哲哉『断絶の世紀　証言の時代』◎黒瀬勉

内海愛子・高橋哲哉編『戦犯裁判と性暴力』◎前田朗

池田恵理子・大越愛子編『加害の精神構造と戦後責任』◎市場恵子

金富子・宋連玉編『「慰安婦」・戦時性暴力の実態〔1〕』◎南雲和夫

山川菊栄記念会編『たたかう女性学へ』◎井桁碧

ボニー・ホーニッグ編『ハンナ・アーレントとフェミニズム』◎大越愛子

【活動報告】

【アピール】

ジェンダー視点からの「教科書」問題に関するアピール

航空機ハイジャックおよび激突・墜落事件の犠牲者に武力行使および「報復」という名目による戦争正当化に反対するアピール

第3号　特集＊戦争責任・ジェンダー・植民地主義

【3号発刊に際して】◎志水紀代子

【シンポジウム報告】

戦争責任・ジェンダー・植民地主義◎徐京植・池内靖子・中原道子・源淳子

「日独裁判官物語」をめぐって◎P・オステン・鈴木経夫・角田由紀子

【特別寄稿】

「大東亜共栄圏」の歴史と現実について考える◎趙建民

【論文】

第2号　特集＊戦争と性暴力

創刊号［現在品切］特集＊戦争責任とは何か

●「女性・戦争・人権」学会規約

本会は、「女性国際戦犯法廷」の思想的深化をめざし、フェミニズムの視点から、「女性・戦争・人権」に関する学際的研究を行い、性暴力・性差別および戦争・植民地主義を生み出す社会的・文化的・歴史的要因を解明し、それらの根絶に寄与すること、及びそのための国際的ネットワークを拓くことを目的とする。そのために以下のことに取り組む。

1．あらゆるナショナリズム・民族主義に関する研究
2．いかなる戦争・侵略・暴力をも肯定せず、非戦・非暴力の思想を構築
3．家父長制 - 軍事資本主義の構造的暴力を根絶する思想実践
4．性・生殖に関する人権を確立していくための行為実践
5．その他、学会の目的に即した研究および活動

本規約は、2010 年 6 月 28 日改定・施行する。

学会事務局連絡先
〒 602-8580　京都市上京区今出川通烏丸東入
同志社大学大学院グローバルスタディーズ研究科内　岡野八代研究室
「女性・戦争・人権」学会事務局
Email：joseijinken@mail.goo.ne.jp
FAX：075-251-3091

legitimize these frightening realities. There is an acute demand for opportunities to discuss this problem from a multi-faceted perspective. Unfortunately, academic associations currently in existence are unable to sufficiently meet this demand, because they have been dominated by male members who don't want to be engaged in the issues of sexual violence. This is why it is necessary to create a new association in which we can discuss issues of "war, women, and human rights". We are endeavoring to create an association that will break through the professional-academic framework, and provide a forum where people who share similar concerns can exchange viewpoints freely.

Japan is presently seeing the emergence of a movement which goes against the world-wide trend toward uncovering the hidden truth behind the violence and national crimes. Claiming the authority of "history", this movement contrives to justify the violators by concealing and distorting the truth, while also trying to silence the victims. It is our responsibility to elucidate, logically and practically, what is behind these violent statements which unscrupulously regenerate the evils of discrimination against women, racial discrimination, colonialism and cultural imperialism. The new association will endeavor to provide an effective forum for dealing with this task. Anyone who would like to participate is welcome.

1997.3.20

IGETA MIDORI, OGOSHI AIKO, SHIMIZU KIYOKO,
SUZUKI YUKO, TSUNODO YUKIKO, NAKAHARA MICHIKO,
MINAMOTO JUNKO, MOCHIDA KIMIKO

Association for Research on the Impacts of War and Military Bases on Women's Human Rights

With only three years left till the turn of the century, we are acutely reminded that these one hundred years have been characterized by warfare and violence. It cannot be too strongly emphasized that the great majority of victims have been people not directly involved in fighting the wars, such as women, children, and the elderly. This crucial fact has been largely ignored in historical, philosophical and cultural studies dominated by the male point of view, which focuses on issues of politics and power.

In particular, the reality that women have continuously been victims of sexual assault has been concealed by the male attitude of tolerance toward sexual violence. This attitude perpetuates the false assumption that violence against women is a natural consequences of male-female relationships, and that the fault lies with the victim rather than violator. This belief, which serves the assaulting party well, has not only dominated the male perspective, but has also been internalized by women, resulting in a divisible situation whereby some suffer from violence while others take the side of the perpetrators.

The recent surfacing of these realities, which until now had gone unvoiced in this male-dominated society, can be attributed to the succession of shocking testimonies and indictments by women who suffered from acts of violence during wars. For examples, the testimonies of the so-called "comfort women", victimized during the Sino-Japanese War and World War 2 by perhaps the greatest of the war crimes, sent a cold shiver around the world. This is because the government-instituted system of sexual slavery was a clear indication of how "history" had been concealing this most fundamental violence against women.

By illuminating the truth behind the sexual violence, we can come face to face with our true history, philosophy, and culture. It is essential to clarify the fact that far from stemming from natural male-female relationships, these acts of violence are the product of a power structure of dominance and submission, a structure that reveals its true colors all the more in extreme situations such as war. Only by acknowledging this will we be able to eradicate the violence that is the source of distrust and hatred, and embrace the vision of human rights, not as an abstract concept, but as a fundamental principle to be actualized in our lives.

To this end, we must thoroughly explore the realities of the past. It is necessary also to decode and criticize the intricate mechanisms which have functioned to

『女性・戦争・人権』誌投稿規定

1．投稿資格

本会会員の方は、すべて『女性・戦争・人権』誌に寄稿することができます。なお、編集委員会は、編集委員会の企画に基づき、非会員に寄稿を依頼することがあります。

2．テーマ

テーマは本会の学会規約に則るものとし、未発表のものに限ります。

3．掲載決定の方法

①投稿原稿を掲載するか否かは、2名のレフェリーによる審査を経たうえで編集委員会で検討の上、決定します。

②検討の結果、著者に再考、加筆・修正を求める場合があります。

③原稿（図表、写真、FDなどを含む）は採否にかかわらず、返却しません。

4．執筆要項

①原稿は横書きとします。

②投稿原稿の分量は、原則として以下のようにします（400字1枚として計算）。

論文：40枚～60枚および英文要旨（200～300語）

研究ノート：30枚　通信：10～20枚　書評：5～15枚

③投稿論文には、日本語の要旨（600字以内）と日本語キーワード（5語以内）、英文要旨（300語以内）と英文キーワード（5語以内）を付してください。これらは、②に記した論文の分量には含まれません。

④文献引用方法

本文中の引用は該当箇所に「(著者の姓、発行年、該当ページ)」の順に記したうえで、文献リストとして注の後に著者名アルファベット順で一括して記載してください。

文献リストの記載方法は、単行本の場合には、著者名、発行年（西暦）、『書名』、出版元の順に記載し、論文の場合には、著者名、発行年、「表題」、掲載雑誌名、巻、号（または編者名、『収録書名』出版元）、の順に記載してください。欧文の場合もこれに準じます。なお自著の引用に当たっては、「拙著」「拙稿」等による表示は避け、氏名を表記してください。

欧文については論文タイトルを「“　”」（ダブル・コーテーション・マーク）でくくり、著書名・雑誌名はイタリックとしてください。

5．投稿方法

①郵送またはメールで提出してください。

郵送の場合は、A4版用紙に印刷した原稿を事務局宛てに3部提出してください。

メールの場合には、メールにワードファイルにて添付し、編集委員会宛てに提出してください。

なお、郵送で提出する場合には、封筒に朱文字で「女性・戦争・人権学会自由投稿論文在中」と明記してください。メール添付で提出する場合には、タイトルに「女性・戦争・人権学会自由投稿論文」と明記してください。

②原稿を投稿する際には、別紙あるいはメール本文に、連絡先（郵便番号、住所、電話番号、ファックス番号、お持ちの方はEメール・アドレス）を明記してください。

③提出先は、「女性・戦争・人権」学会事務局とします。

④掲載が決定された場合、あらためて完成原稿をテキスト形式で保存したものをフロッピー・ディスクで郵送で、あるいはEメールに添付して、送付してください。

⑤英文要旨は提出前に可能な限りネイティブ・チェックを受けてください。

6．締め切り日および審査結果通知日

自由投稿論文の投稿締め切りは、前年度の2月末日とします（当日の消印有効です）。また、審査結果は学会誌発行年度の4月中に通知します。

7．校正

検討の結果、掲載決定された原稿についての校正は、著者校正は初校のみとします。校正段階での修正は誤字・脱字等、最小限に止めてください。著者校正の段階での大幅な加筆や、修正がなされた場合、掲載を延期、または取り消しとする場合があります。

8．著作権

本誌に掲載された著作物の著作権は「女性・戦争・人権」学会に属します。ただし、著者自身が使用する場合はその限りではありません。

9．その他

本誌に発表されたものを転載する場合には、学会事務局にご連絡の上、出版物を一部ご寄贈ください。

寄稿に関する問い合わせは、「女性・戦争・人権」学会事務局宛てにお願いします。

※事務局住所

〒602－8580　京都市上京区今出川通烏丸東入

同志社大学大学院グローバルスタディーズ研究科内　岡野八代研究室

「女性・戦争・人権」学会事務局

宮城晴美（みやぎ　はるみ）1949年沖縄県座間味村生まれ。沖縄の月刊誌編集者、フリーランスを経て那覇市職員に。『なは・女のあしあと』（那覇女性史前近代・近代・戦後編）全3巻を編集し、那覇市歴史博物館（『那覇市史』編集を担当）を定年退職。現在、琉球大学、沖縄国際大学、沖縄大学非常勤講師として「沖縄の政治と社会」「ジェンダーと政治」「沖縄近現代史Ⅰ Ⅱ」など6教科を担当する。1993年から『新沖縄県史』編集委員会の委員として携わり、2016年には、『沖縄県史　各論編8　女性史』（沖縄県教育委員会）を刊行。単著に『新版　母の遺したもの　沖縄・座間味島「集団自決」の新しい事実』（高文研、2008年）がある。「基地・軍隊を許さない行動する女たちの会」に関わるかたわら、現在は沖縄の辻遊郭に4歳で売られ戦後は米兵と結婚して苦労を重ねながら米国で画家となった正子・サマーズ・ロビンスさん（旧姓・新城）の自伝を編集中。近々刊行予定。

文京洙（ムン　ギョンス）1950年、東京生まれ。中央大学卒業。昨年、立命館大学国際関係学部を定年で退職して現在は同じ学部の特任教授（普通の企業でいう〈属託〉のような身分）。これまでに書いた主な本は、『済州島四・三事件――島（タムナ）のくにの死と再生の物語』（平凡社、2008年）、『在日朝鮮人　歴史と現在』（水野直樹さんとの共著、岩波書店、2015年）、『新・韓国現代史』（岩波書店、2015年）。最近の本としては『新自由主義下のアジア』（シリーズ“グローバル・サウスはいま”第2巻、藤田和子さんとの共編、ミネルヴァ書房、2016年）。1700万人もの市民の平和的な抗議行動によって韓国でようやく陰鬱かつ低俗な右翼政権の時代がおわった。二度と右翼政権の時代への逆行はご免である。日本のように時代が逆流しないように、人権、民主主義、そして平和の基盤が、まさに“不可逆的”に拡充していく社会づくりへの期待に胸を膨らませている。

矢野久美子（やの　くみこ）フェリス女学院大学国際交流学部教員。専門分野はドイツ政治文化論、思想史。横浜の片隅でほそぼそとドイツ語と思想文化論を担当しつつ、少しでもなにかを良くしたいなと思いつつ生きていますが、かかわってきたフィールドがおもにドイツ（ヨーロッパ）であることのもどかしさも抱え、自分の限界を痛感しながら試行錯誤をくりかえしています。著書に『ハンナ・アーレント、あるいは政治的思考の場所』（みすず書房、2000年）、『ハンナ・アーレント　「戦争の世紀」を生きた政治哲学者』（中公新書、2014年）。

吉見義明（よしみ　よしあき）中央大学名誉教授。専攻、日本現代史。近業、『焼跡からのデモクラシー――草の根の占領期体験』（岩波全書、全2巻、2014年）、「日本軍『慰安婦』問題と歴史学」（東京歴史科学研究会編『歴史を学ぶ人々のために』岩波書店、2017年）。今年（2017年）3月に中央大学を定年退職しました。この世にお別れをする前に、残りの限られた時間を使って、『日本軍「慰安婦」』・『買春する帝国』・『高度成長期の民衆体験』という3冊の本を、なんとか書きあげたいと念願しています。

レベッカ・ジェニスン（Rebecca JENNISON）京都精華大学、人文学部教員。コーネル大学、東アジア言語と文学学部、修士課程終了。最近の論文、著作：“Reimagining Islands: Notes on Selected Works by Oh Haji, Soni Kum and Yamashiro Chikako,” *Asian Diasporic Visual Cultures and the Americas* 3 (Brill, 2017); “Precarity, Performance, and Activism in Recent Works by Ito Tari and Yamashiro Chikako,” *Performance, Feminism and Affect in Neoliberal Times*, (Palgrave, 2017); *Still Hear the Wound : Toward an Asia, Politics and Art to Come*（李静和編、Brett de Bary と翻訳・共編、Cornell University, East Asia Series #181, 2015）。

●執筆者一覧（五十音順）

秋林こずえ（あきばやし　こずえ）同志社大学グローバル・スタディーズ研究科教員。婦人国際平和自由連盟（WILPF）国際会長。主な著作「軍事主義と性暴力」（『沖縄県史　各論編８　女性史』2016年３月）など。最近、平和運動関連の出張がとても多く、家庭を全く顧みていないのではと心配になってきている。

池内靖子（いけうち　やすこ）長年勤めた大学を定年退職後、好きなことをやっているが、本学会の編集委員になり、けっこう忙しい毎日を過ごしている。著書に、『女優の誕生と終焉——パフォーマンスとジェンダー』（平凡社、2008年）、共編著『異郷の身体——テレサ・ハッキョン・チャをめぐって』（人文書院、2006年）、訳書に、テレサ・ハッキョン・チャ著『ディクテ——韓国系アメリカ人女性アーティストによる自伝的エクリチュール』（青土社、2003年）など。

長志珠絵（おさ　しずえ）専門は日本の近現代史、所属は神戸大学大学院国際文化学研究科、最近の研究課題は防空研究と占領期研究を文化研究の手法にて。これらは歴史認識の組み替えにとって重要だと考えていて、前者でいうと、銃後のジェンダー役割のズレや植民地女性の動員など境界の政治が露わ。後者はまさに今日につながる足元の歴史発掘、です。が、歴史研究者としての日常意識は現実政治のあまりの惨状に「一般教養」講義に向くことしばしば。時間軸で物事を捉えることで、何が見えるのか、人生最後？の歴史の授業を受ける学生の人たちの反応に反応してます。もう一つの日常は史料を集めて読んでいる——ですが、今回の原稿も含め、軍隊性暴力の記録は辛い。しかし1970-80年代あたりの過去への言説は、戦後って何？と強く憤るわけですが、同時に、研究書の書きぶりも心を乱されます。「慰安婦」問題とは、「軍事性暴力」という20世紀の人権をめぐる思考の到達点を開いてくれた叡智なのだと痛感すること甚だし、です。

倉橋耕平（くらはし　こうへい）1982年生まれ。関西大学大学院社会学研究科博士後期課程修了。博士（社会学）。現在、立命館大学・関西大学・近畿大学・大手前大学・大阪成蹊大学非常勤講師。専門は、メディア論、社会学、男性学。著書に『ジェンダーとセクシュアリティ——現代社会に育つまなざし』（大越愛子との共編著、昭和堂、2014年）、論文に「NHK『ETV2001』番組改編裁判の争点——判決文の背後にある『自由』の分析から」（『マス・コミュニケーション研究』74号、日本マス・コミュニケーション学会、2009年）、「『保守論壇』の変容と読者の教育——90年代出版メディア編成と言論の存在様式の視点から」（藤原信行・中倉智徳編『生存学研究センター報告』26、140-159頁、生活書院、2016年）などがある。現在、青弓社発刊の単著を執筆中。

高里鈴代（たかざと　すずよ）東京都電話婦人相談員、沖縄県婦人相談員を経て、1989年～2004年那覇市議を4期務める。基地・軍隊を許さない行動する女たちの会共同代表。沖縄強姦救援センター・REICO代表。オール沖縄会議共同代表。島ぐるみ会議共同代表。最近は辺野古の座り込みのために、那覇から辺野古に通う日々が続いている。主な著作「日本軍『慰安婦』と沖縄の女性たち」（『沖縄県史　各論編８　女性史』2016年３月）。

能川元一（のがわ　もとかず）1965年生まれ。大学非常勤講師。専攻は哲学。メタファー論を研究テーマとしていたが、この10年ほどは右派論壇の歴史修正主義的な言説や改憲論を研究対象としている。著書に『憎悪の広告——右派系オピニオン誌「愛国」「嫌中・嫌韓」の系譜』（早川タダノリとの共著、合同出版、2015年）、『海を渡る「慰安婦」問題——右派の「歴史戦」を問う』（山口智美、テッサ・モーリス-スズキ、小山エミとの共著、岩波書店、2016年）など。

編集後記

『女性・戦争・人権』誌第一五号を発刊いたします。

本号には、二〇一五年度大会シンポジウム「侵略戦争・植民地支配・ジェンダー――敗戦七〇年を考える」での報告を掲載しています。

三名の歴史研究者の報告は、それぞれ、歴史修正主義が否認する日本の侵略戦争、植民地支配、ジェンダーの問題について考察を深めるものでした。吉見報告は、自著を「ねつ造」と発言した桜内文城元衆議院議員を名誉毀損で提訴した裁判について報告し、証言と歴史資料に基づく研究成果と国際法上の定義に照らして、「慰安婦」が「性奴隷」の状況にあったことを改めて明らかにしました。長報告は、「慰安婦」問題が、どんな歴史的文脈でどう論じられてきたのか、戦後の言説の変遷を考察しました。一九九七年以降のバックラッシュでは特に、加害者意識を持った元兵士等の発言を抹殺する力学に注目し、「歴史修正主義の持つナショナリズムとジェンダーアイデンティティが交差する場」として検討する必要を指摘しています。宮城報告は、帝国日本に沖縄を組み込むために強化された性規範・秩序を問題化し、「慰安婦」と「家庭婦人」に二分する家父長制の性規範・秩序が、戦場と平時に通底する暴力であることを考察しています。

投稿論文は、「メディオロジー」という新しいアプローチから、小林よしのりのマンガ『新・ゴーマニズム宣言』を取り上げ、「慰安婦問題」の否定言説の系譜を解明しています。メディア論の先行研究が言説内容を中心に分析してきたのに対し、倉橋論文は、「言説の存在様式であるメディアの媒介作用」を検討する、興味深い論考となっています。

特別掲載の能川論文は、朴裕河の『帝国の慰安婦』が、資料を粗雑に恣意的に取り扱い、これまで蓄積され共有されている定説を根拠なく否認する著述方法で一貫していることを簡潔に示しています。もう一つ、ジェニスン論文は、この学会誌にはめずらしく、アートを取り上げ、沖縄のアーティスト、山城知佳子さんの作品について論じていますが、抑圧的な現実と対峙しつつ異なる世界を想像・創造する芸術表現の力が魅力的です。高里鈴代さんへのインタビューは、復帰後も存続する米軍基地によって、日米安保体制がいかに沖縄の人々、特に女性たちを犠牲にしながら維持されているか改めて私たちに突きつけています。

エッセイ「在日の解けないパズル」は、レイシズムや差別と闘う人々が抱えるディレンマを描いた小説を論じ、不条理な世界と向かいあう若い作家のみずみずしい感性に希望を見、「出会うことと証言すること」も同じく、不条理な世界を経験した人々が遺した絵や、何気ない身振りや想い、戦後の裁判闘争などとの出会いを通して、証言の意味を繊細に掘り下げています。本号に寄稿していただいたみなさまに感謝いたします。

二〇一七年、憲法施行七〇年を迎え、安倍政権が、壊憲の具体的政治日程を明言している今、「戦争に抗する」実践は喫緊の課題です。

本号に対するご意見・ご批判を、そして『女性・戦争・人権』学会の今後の企画についてのご意見を学会事務局までお寄せいただければ幸いです。

（文責・池内靖子　二〇一七年五月七日　記）

「女性・戦争・人権」第15号　　2017年8月15日　第1刷発行

定価［本体］2000円＋税

編　者――「女性・戦争・人権」学会学会誌編集委員会

発行所――行路社［楠本耕之］　520-0016　大津市比叡平3-36-21

ph.077-529-0149　fax.077-529-2885

cross-media@leto.eonet.ne.jp　郵便振替 01030-1-16719

ISBN978-4-87534-389-9 C5036 ¥2000E